Verlag Bibliothek der Provinz

GEORG FRIEDL
Mühlviertler KOCH:BUCH
Altes bewahren, Neues erfahren.

Satz & Layout: Fredmansky, Agentur für Werbung, Neufelden
Lektorat: Brigitte Friedl, Petra Friedl, Georg Friedl

ISBN 978-3-85252-396-5

A-3970 WEITRA, 02856/3794
www.bibliothekderprovinz.at

GEORG FRIEDL

Mühlviertler KOCH:BUCH

Altes bewahren, Neues erfahren.

Liebe Leserinnen, liebe Leser!

Immer mehr hat sich während der letzten beiden Jahrzehnte herausgestellt, dass es nicht *eine* »österreichische Küche«, sondern eine Vielzahl höchst unterschiedlicher Regionalküchen gibt, die, jede für sich, ihre eigene Individualität besitzen und daher auch unverwechselbar sind. In ganz besonderem Maße gilt dies auch für die Küche des oberösterreichischen Mühlviertels, die für sich alleine schon aufgrund der exponierten Lage zwischen Donaustrom und Böhmerwald den Begriff »autochthon« beanspruchen darf. Es ist eine Küche, die entlang einer der größten Handelsstraßen Europas, der sogenannnten »Salzstraße« entstanden ist und daher sowohl von Elementen der böhmischen (vor allem auch der berühmten böhmischen Mehlspeisküche) wie auch von jenen der süddeutschen Küche geprägt ist.
Doch nicht nur aus diesem Grund ist die Küche des Mühlviertels besonders facettenreich. Einerseits von den kargen Lebensbedingungen der Mühlviertler Bauernschaft geprägt, spiegelt sie andererseits auch den Reichtum alter Bürger- und Handwerkerstädtchen wider und steht, vor allem was die reichlich zur Verfügung stehenden Waid- und Angelreviere betrifft, auch im Zeichen einer aristokratischen Herrschaftsküche.
In dieser Vielfalt haben sich freilich auch einige Leitmotive durchgesetzt: »Wenn man keinen Knödel isst«, so lautet beispielsweise ein altes Mühlviertler Sprichwort, »so hat man den ganzen Tag Hunger.« Und in der Tat braucht man nach einem griffigen und bissfesten Symbol für die Küche des Mühlviertels nicht zu suchen: Der Knödel, zumal der gebackene Speckknödel, ist längst so etwas wie eine kulinarische Trademark des Mühlviertels geworden.
Der Knödel hat in der Mühlviertler Küche auch seinen fleischeslustigen Zwilling: nämlich das ofenfrische »Bratl«, das ein ebenso fixer Bestandteil jedes Mühlviertler Sonntags ist wie der Frühschoppen nach der Heiligen Messe. Fehlt zur klassischen kulinarischen Troika nur noch der Mühlviertler Krautsalat, der selbstverständlich mit Speck »abgeschmalzt« werden muss.
Doch das Mühlviertel ist nicht nur ein Land von drei, sondern von tausenderlei Genüssen. Nicht ohne Grund sagt man im Mühlviertlerischen zum Mund auch »Suppenschlitz«, auch wenn es keineswegs nur die deftigen Rahm- und Erdäpfelsuppen sind, die dieses archaische Land auch in kulinarischer Hinsicht unvergleichlich machen.
Doch auch die g'schmackigen Erdäpfel in Suppen und Schmarren sind keineswegs die einzige Spezialität, mit der das Mühlviertel Österreichs Spitzengastronomie beliefert. Längst gibt es etwa auch ein Mühlviertler Naturrind, eine Mühlviertler Bergkräutergenossenschaft und zahlreiche engagierte Produzenten, vor allem auch Biobauern, die die Grundlage dafür schaffen, dass die Mühlviertler Kochkunst, der das vorliegende Werk gewidmet ist, sich heute auf einem bislang noch kaum zuvor gekannten Niveau befindet.
Es ist daher auch hoch an der Zeit, dass die kulinarischen Koordinaten des Mühlviertels in Kochbuchform abgesteckt werden, und das ist eine Aufgabe, die selbstverständlich nur ein aus dem Mühlviertel stammender Koch wie Georg Friedl bewältigen kann, dessen Kochkünste noch dazu – nomen est omen – in einem Restaurant mit dem einladenden Namen Mühltalhof zu bewundern sind. Ich wünsche ihm und seinem Buch viel Erfolg, dem Mühlviertel weiterhin eine große kulinarische Zukunft und Ihnen, liebe Leserinnen und Leser, einen »g'sunden Appetit«.

Christoph Wagner
Herausgeber »Wo isst Österreich?«

VORWORT zur 2. Auflage

Liebe Leserinnen, liebe Leser!

Dieses KOCH:BUCH ist erstmals 2001 erschienen. Unkonventionell meine damalige Herangehensweise, richtungsweisend das Buch, aber vielleicht für die damalige Zeit zu speziell – wohl kaum gemacht für hohe Verkaufszahlen. Dennoch war die Erstauflage bald vergriffen und trotzdem nicht geplant, eine weitere Auflage zu produzieren.

Der stetigen Nachfrage vieler Gäste und der Beharrlichkeit meiner Frau ist es zu verdanken, dass Sie nun trotzdem das Buch in zweiter Auflage in Händen halten. Einiges würde ich zwar heute anders gestalten, allerdings ist mir mittlerweile auch klar geworden, wie außergewöhnlich und vordenkend in vielen Bereichen dieses KOCH:BUCH war und ist.

Es ist eine Bestandsaufnahme meines damaligen Wissens, gleichzeitig aber auch die Bestandsaufnahme meiner puren Freude am Kochen, an saisonalen Lebensmitteln und alten Rezepturen, die Bestandteil der Mühlviertler Kulturlandschaft sind.

Ich freue mich mit Ihnen, dass Sie nun dieses KOCH:BUCH in Händen halten können.

Herzlichst
Georg Friedl

Georg Friedl – VORWORT

Zubereitung von Speisen und deren Verzehr ist eines der schönsten und ältesten Rituale der Menschheit. Sehr wenig ist heutzutage von diesem Ritual übriggeblieben.

Schnelle Küche mit internationalem Einheitsgeschmack und Optik sind übriggeblieben. Alte Rezepte und Produkte werden vergessen und deren Geschmack wirkt befremdend. Die Lebensmittelindustrie schafft es, sämtliche Zutaten immer verfügbar zu machen. Sensibilität für jahreszeitliche Produkte geht verloren.

Ernsthaftes Auseinandersetzen mit den globalen kulinarischen Einflüssen und deren behutsames Einfließen in unsere Essenskultur schafft eine Herausforderung und Horizonterweiterung, ohne die eigene Identität zu verlieren.

KOCHen ist für mich:
verrückt / verspielt / heiß / kalt / besessen / mutig / kreativ / neu /
extravagant / vielschichtig
künstlerisch / fordernd / überlegt / bewusst / spontan / flexibel /
intensiv / exzessiv
minimal / maximal / verantwortungsvoll / konstruktiv / spannend /
rätselhaft / stetig
konstant / leidenschaftlich / großartig / verführerisch / einfühlsam /
emotionell /
sensibel / erotisch / sinnlich / meditativ / idealistisch / reifen /
schenken / Berufung /
ein Markenzeichen.

Investieren Sie Zeit fürs Kochen. Fordern Sie viel und geben Sie alles. Erfahren Sie nicht nur Lebensmittelaufnahme. Beschenken Sie sich und die Geladenen mit der Harmonie der Speisen und dem Einklang mit sich selbst.

Malzeit!
(alte Schreibweise ohne »h«) kommt von »ein Denkmal zu einer bestimmten Zeit setzen«.

In diesem Sinne gutes Gelingen,

Georg Friedl

ZUM GEBRAUCH DES BUCHES

Zum KOCHen:

Wie schmeckt eine echte Rindsuppe? Warum hat eine ordentliche Brat'lsauce Fettaugen? Wieso schmecken Karotten süß?

Hektik, Oberflächlichkeit, Trendgastronomie und das Streben der Lebensmittelindustrie nach dem perfekten Geschmack machten mich als Koch in den letzten Jahren immer unzufriedener. Ehrliches Handwerk regionalen Ursprungs erscheint nicht trendig!
Die bei uns verbreitete »echte« Italienische Küche und die Fernost-Einflüsse sind leicht zu verstehen – eine willkommene Abwechslung. Doch wer kennt die wirkliche Küche dieser Länder? Die wenigsten. Personen, die andere unverfälschte Küchenkulturen kennengelernt haben, werden sich mit Entsetzen dem Angebotenen abwenden.
Das heißt nicht, dass ich mich der Globalisierung entziehe und keine anderen Einflüsse gelten lasse, vielmehr ist es mir ein Anliegen, dass man die »Nahrungsaufnahme« kritisch betrachtet.
Der Trend verführt zur Nahrungsaufnahme unter einem tollen Decknamen. Lebensmittelaufnahme (ein Mittel zum Leben) kostet Zeit, Aufmerksamkeit und ist kaum mehr gebräuchlich. Mit der Nahrungsaufnahme nimmt auch die Vereinsamung der Nahrungsaufnehmer zu. Gegessen wird meist im Stehen, alleine und schnell. Wird etwas gekocht, dann kommt es aus der Mikrowelle oder aus der Fertigpackung und hat keinen Gemeinschaftswert, nichts künstlerisches.

Kochen ist die älteste aller Künste.

Kochen Sie einmal für Ihre Freunde oder den Partner! Identifizieren Sie sich mit dem Gericht und legen Sie all Ihre Emotion dafür hinein. Ihrem Gegenüber wird es schmecken. Erleben Sie den hohen Wert der Kochkunst.

Mit diesem Buch möchte ich einen Beitrag dazu liefern, dass die Mühlviertler Küche in ihrer Eigenständigkeit erhalten bleibt und sich keinesfalls ihrer Schlichtheit »schämen« muss. Aufgrund von neuen Erkenntnissen und Kochtechniken präsentiert sie sich leicht und voll neuer längst vergessener Geschmäcker.

Zum BUCH:

Wichtig zum Verstehen des Buches/
Zeitnehmen!/lassen Sie sich von den Texten, Rezepturen und Eindrücken in die Mühlviertler Hügelwelt versetzen/das Buch ist jahreszeitlich aufgebaut – (die Monate entsprechen nicht denen des Kalenders, sondern denen des Gefühls)/am Beginn einer Jahreszeit präsentiere ich ein typisches Mühlviertler Produkt/die einzelnen Monate werden kurz beschrieben/der jahreszeitliche Abschnitt schließt mit Erinnerungen von damals/die Gerichte teilen sich auf in »Traditionelles« und »Interpretationen« (neue Gerichte)/Interpretationen deshalb, weil die neuen Gerichte alten mündlichen Überlieferungen und Rezepturen entspringen/Rezepturen und Zubereitung sind chronologisch aufgebaut/Arbeitsabschnitte sind fett gedruckt/sämtliche Zutaten erscheinen kursiv/praxisnahe Maßeinheiten/nehmen sie bei Angaben wie »zweifingerbreit« immer ein Mittelmaß/Größen wie El., Mkl., Msp. Kl. sind am Ende des Buches genauer erklärt/einige Interpretationen sind ohne genaue Rezepturen niedergeschrieben – diese sind meines Erachtens für den Haushalt sehr aufwendig, ambitionierte Köche(innen) werden aufgrund der Anleitung diese Gerichte bestimmt nachvollziehen können/traditionelle Rezepturen lesen sich generell ohne Mengenangabe – früher wurde dem Gefühl mehr Vertrauen geschenkt/generell vertrauen Sie auf Ihr Gefühl beim Zubereiten der Speisen/meine Rezepturen sind Anleitungen, die durch Ihre Kreativität eine persönliche Note bekommen können/sind Sie unschlüssig, ob das gekochte Endprodukt Ihren Vorstellungen entspricht – lesen sie die fett gedruckte sensorische Aufarbeitung des Gerichts am Ende der Rezeptur/

Viel Freude, Kreativität, Mut zum Probieren
und gutes Gelingen/G.F.

WINTER

Vielleicht kann den Winter besser ertragen,
auskosten und genießen, wer es gelernt hat,
im Sommer und Herbst Vorräte anzulegen.
Nicht nur solche zum Essen …

(aus dem Buch »Brachzeit«)

SCHWARZER SPECK, SELCHSPECK ODER KAMINSPECK

Das Suren und das Räuchern ermöglichten es zur damaligen Zeit, Fleisch über einen längeren Zeitraum haltbar zu machen. Hierfür wurde vorzugsweise Schweinefleisch verwendet. Um das Fleisch vor der Schlachtung zu aromatisieren, verfütterten die Bauern mancherorts im Spätherbst Eicheln. Bei uns eine längst vergessene Tradition, die von den Spaniern bei der Schinkenbereitung noch immer hochgehalten wird. Neben der Fütterung beeinflusst zusätzlich die von Hof zu Hof verschiedene Gewürzmischung das Endprodukt. Das Fleisch wird mit gerade so viel Salz eingerieben, wie zur Haltbarkeit unbedingt nötig ist. Aromatisiert wird es von Koriander, Fenchelsamen, Lorbeerblättern, Wacholderkörnern, Senfkörnern, Kümmel, scharfem Paprika, Knoblauch und etwas Rosmarin. Anschließend wird das Fleisch in einen Surbottich geschlichtet und beschwert, so dass der Fleischsaft obenauf austritt. Nach einigen Wochen in der Sur ist das Fleisch räucherfertig. Im Selchkamin wurden die Stücke sorgfältig aufgehängt und behutsam mit »kaltem Rauch« geräuchert. Verwendete Aromastoffe für den Rauch sind Buchenholz, Wacholderholz und etwas Tannenreisig. Nach Belieben und Tradition werden der Glut Kräuter, Mosttrebern oder Zwiebelschalen beigemengt. All dies lässt einen Speck mit unvergleichlich würzig-rauchigem Aroma nach Wochen genussreif werden.

Der Kaminspeck/grauschwarz, präsentiert sich vordergründig in der Rinde. Erst durch den Anschnitt kommt der nach Gewürzen und würzigem Rauch duftende Speck zum Vorschein. Das blassrote Fleisch ist mürbe und durchzogen mit einer weißen, zart schmelzenden Fettschicht.

DEZEMBER

Der Tag ist nun fast zur Nacht geworden. Grauschwarz nimmt diese uns bald das Tageslicht. Im Hausinneren brennt einladend ein warmes Licht. Man schaut nach innen. Das Leben spielt sich in den Häusern ab. Es wird gebacken und man bereitet sich auf das große Fest vor.
Die Natur ruht unter einer glitzernden Schneedecke. Weht der eisige Böhmerwaldwind die Wolken weg und der Mond lächelt uns freundlich zu, dann duckt sich die Natur in einem herrlich verzauberten weißen Mondlicht, als schäme sie sich vor ihrer Schlichtheit.
Die Temperaturen sinken und der Schnee knirscht bei jedem Schritt. Die Luft ist völlig klar, rein und kristallen. Der Atem dampft. Befremdend kommt einem der Geruch von staubigem Heu in die Nase.
Er stammt von Futterkrippen. In den Wäldern riecht es harzig aromatisch nach frisch geschnittenem Nadelholz. Christbäume und Reisig für den Adventkranz werden eingebracht. Einladende, würzige, fruchtige Düfte. Üppig ziehen sie durch die Häuser. Schokolade, Nüsse, Birnen, Äpfel, Mandarinen, Orangen und vieles mehr werden zu herrlich verführerischen Bäckereien verarbeitet.
Das Jahresende rückt unvermeidlich näher.

TRADITIONELLES

»Zu den hohen Feiertagen gab es eine genaue Speisenfolge.« Nachfolgend eine davon.

FLEISCHSUPPE MIT WEISSEN SCHNITTEN

Suppe: *Schweinsschulter mager / Wurzelwerk bunt gemischt / Salz / Pfefferkörner / Lorbeerblatt*

Schweinsschulter in drei gleichmäßige Teile teilen / mit Wurzeln, Gewürzen in kaltem Wasser aufsetzen / leise sieden lassen / ist das Fleisch weich, herausnehmen / grobe Weißbrotschnitten in eine Suppenschüssel schneiden / die heiße Suppe darübergießen / mit Petersilie bestreuen.

»Weiße Schnitten gab es nur zu den Feiertagen.«

SUPPENFLEISCH MIT SEMMELKREN

Fleisch: Fleisch verwenden, mit dem man die Suppe gekocht hat.

Semmelkren: *Semmeln / Knochensuppe / Sauerrahm / Kren / Salz / Muskat / Butter*

Semmeln ohne Rinde blättrig schneiden / mit siedender Suppe übergießen / Salz / Muskat / etwas Butter / zu einem dicken Brei verrühren / kurz aufkochen / reichlich geriebenen Kren zugeben / etwas Sauerrahm beimengen.

SCHWEINSBRATEN MIT KRAUTSALAT UND ERDÄPFELKNÖDELN

Braten: *Schweinefleisch: Schulter oder Schopf mit Schwarte / Salz / Kümmel / Knoblauch*

Schulter oder Schopf mit Schwarte / mit Salz, Kümmel und Knoblauch einreiben / bei guter Hitze braten / öfters begießen / wenn die Schwarte weich ist, einschneiden / knusprig braten.

Warmer Krautsalat: *Weißkraut / Kümmel / Salz / Speck / Essig*

Weißkraut in feine Ringe schneiden / in Salz-Kümmelwasser kernig kochen / Wasser abgießen / mit Essigwasser auffüllen / Speck würfeln / auslassen / Kraut damit abschmalzen / durchmischen.

Erdäpfelknödel: *Kartoffeln / Mehl / Salz*

Kartoffeln mit Schale kochen / schälen / zerdrücken / mit der gleichen Menge Weißroggenmehl verkneten / Knödel formen / in Salzwasser oder Selchsuppe kochen.

SÜSSES KOCH (KO)

Koch: *Mehl / Zucker / Milch / Rosinen*

Einige Esslöffel Mehl mit Milch zu einem glatten Teig verarbeiten / Milch / Zucker aufkochen / Teig dazugießen / dickbreiig einkochen / die Kochlöffelspur muss langsam verschwinden / mit Rosinen / Zimt / bestreuen / warm oder kalt gestürzt / servieren.

SCWEINSSULZERL MIT GELBEN RÜBEN (ERDBINKEL), (8 Personen)

Sulz: *2 Stk. Schweinshaxl / 1 Schweinsstelze / Schweinsbauch, zweifingerbreit / 2 Karotten / 2 gelbe Karotten / 1 große Petersilienwurzel / 1 kinderfaustgroßer Sellerie / 2 Stk. Zwiebel / 5 Stk. Knoblauchzehen / 2 El. Salz / 1 Kl. Pfefferkörner / 4 Stk. Lorbeerblätter / 1 kleiner Zweig Lustkraut / 5 Stk. Petersilienstengel / 1/2 Kl. Koriander / 1/2 El. Senfkörner / 1 Kl. Kümmel / 4 Pimentkörner / 1 kleiner Zweig Majoran / 1 kleiner Zweig Boarzkraut*

Gewürze grob zerstoßen, so dass es aromatisch duftet / Fleisch mit Gewürzen und Salz einreiben / 3 Stunden stehen lassen / Wurzeln, Zwiebeln und Knoblauch schälen / Fleisch, Wurzeln, Zwiebeln und Knoblauch in einen Topf geben / mit kaltem Wasser bedecken / langsam aufkochen / abschäumen / köcheln lassen / wenn sich das Fleisch vom Knochen löst, ausstechen / Gemüse herausnehmen / Sud durch eine Windel seihen / Fleisch und Gemüse würfeln / Sud würzig pikant abschmecken / Fleisch und Gemüse in den Sud geben / verteilen / in eine Rein oder in eine Wursthaut füllen / erkalten lassen.

Gelbe Rüben (Erdbinkel): *4 faustgroße Rüben / 4 El. gehackte Petersilie / 2 Schalotten / 3 El. Rapsöl / 2 El. Sonnenblumenöl / 1 El. Walnussöl / 3 El. Apfelessig / 1 Mkl. Salz / frisch gemahlener Pfeffer / 1 kleines Stück Krenwurzel.*

Rüben im Ganzen in Salz-Kümmelwasser kochen / heiß schälen / in 4 mm dicke Scheiben schneiden / in eine Schüssel geben / Essig mit feingehackten Schalotten und Salz vermischen / Öle dazugeben / verrühren / über die heißen Rüben gießen / auf Zimmertemperatur abkühlen lassen / vor dem Anrichten mit Petersilie und Pfeffer vollenden.

Anrichten / Rüben kreisrund auflegen / mit Vinaigrette nappieren / Sulz aufschneiden / in die Mitte setzen / Kren darüberreiben.

Das Gericht / geprägt von vollen Fleischaromen, pikanter Würzigkeit und erdiger schüchterner Schärfe. Feinsäuerlich und ölig fügt sich die Vinaigrette ein. Dottergelb und mollig weich die Rüben, gerade noch schnittfest und mit weißer Fettschicht die Sulz.

»Bei der Zubereitung der Sulz hielt ich mich an die alten Rezepturen, denn diese Art von Sulz sollte nur so zubereitet werden. Alles andere wäre schick und nicht echt.«

Rüben

KRAFTSUPPE MIT MEHR FLEISCH (6 Personen)

Suppe: *2 Hühnerhaxl / Schermrippe zweifingerbreit / 1 Lammhaxl / 5 Rinder-Markknochen / 1 Sellerie faustgroß / 2 Petersilienwurzeln / 2 Karotten / 2 gelbe Karotten / 10 cm Lauchstange / 1 Zwiebel / 1 Knoblauchzehe / 2 Blatt Lorbeer / 2 Petersilienstengel / 1 kleiner Zweig Lustkraut / einige Nadeln Rosmarin / 1 kleiner Zweig Quendel / 1 Mkl. Kümmel, Pfefferkörner, Muskatblüte / 3 Fäden Safran / 2 El. Salz*

Knochen in etwas Öl goldbraun rösten / alle Zutaten dazugeben / mit etwas kaltem Wasser ablöschen / aufkochen lassen / wiederum ablöschen / den Vorgang so lange wiederholen, bis das Fleisch gut bedeckt ist / aufkochen / Schaum abschöpfen / leise köcheln lassen / ist das Fleisch weich, herausnehmen / Suppe noch 3 Stunden ziehen lassen / Suppe abseihen und eventuell nachschmecken.

Schnittlauch schneiden / etwas Gemüse schneiden / pro Person *1 Eidotter.*

Fleisch mit der Gabel zerfasern / Gemüse, Schnittlauch und Fleisch in Suppenschüsseln geben / mit heißer Suppe aufgießen / Eidotter hineingeben.

Die Suppe / goldgelb-braun mit schimmernden Fettaugen. Extraktreich mit voluminöser, kräftiger Aromatik.

ZWIEBELMAULTASCHERL MIT LAVENDELHONIG (6 Personen)

Tascherl: *Strudelteig, im Rezeptteil / 1 1/2 große Zwiebeln / 3 El. Grieß / 1 El. Schweinsschmalz / 1 El. gehackte Petersilie / gut 1/8 l Rindsuppe / Salz / Muskat*

Zwiebeln in kleine Ringe schneiden / in Schmalz goldgelb rösten / Grieß darüberstreuen / mit Rindsuppe aufgießen / dick einkochen und ziehen lassen / würzen und mit Petersilie vollenden / auf Zimmertemperatur abkühlen / Strudelteig nicht zu dünn ausziehen / in 10 cm breite Streifen schneiden / Fülle in 2 cm Abständen daraufsetzen / Ränder mit versprudeltem Ei bestreichen / Teig über die Fülle klappen / mit einem Kochlöffel abdrücken / mittels Teigrad abtrennen / Taschen im Salzwasser zuerst köcheln, dann simmern lassen / nach schwach 10 Minuten herausnehmen / abtropfen / in brauner Butter schwenken / mit etwas Bröseln bestreuen.

Lavendelhonig: *1 Glas frischer Bienenhonig / 1 El. Lavendelblüten*

Flüssigen Honig mit Lavendelblüten vermischen / im Spätsommer zubereiten und aufbewahren.

Anrichten / Tascherl in die Mitte des Tellers setzen / mit warmem Lavendelhonig dezent nappieren / ein paar Tropfen Apfelessig um das Tascherl träufeln / mit Zwiebelschale und getrocknetem Lavendel garnieren

Das Gericht / schmackhafte, zart milde Fülle in einem weichen, jedoch leicht bissfestem Teig. Duftig nach Butter und feiner Lavendelwürze. Nussigbrauner Buttergeschmack und ein Hauch von hocharomatischer Süße ergänzen die vollen Geschmäcker.

»Die Mühlviertler Antwort auf die Italienischen Ravioli« – übrigens eine alte Zubereitungsart.

INTERPRETATIONEN

FLUSSBARSCH MIT RAUNA, BUTTERMOLKE UND KÜMMEL
(4 Personen)

Buttermolke: *1/4 kg Butter / Salz / Kümmel / 1/8 l Trinkmolke natur*

Butter zergehen lassen / so lange erhitzen, dass am Topfboden eine milchige Flüssigkeit bleibt / der obere Teil muss klar sein / die Flüssigkeiten trennen / klare Flüssigkeit = Schmalz zum Braten verwenden / milchige Flüssigkeit mit 1 Mkl. Kümmel und etwas Salz versetzen / 3 Stunden ziehen lassen / Molke natur zugeben / aufkochen / mit etwas Mehlbutter binden / aufschäumen.

Rauna: *2 längliche Rauna / Salz / Kümmel / Meersalz / Distelöl / Süßweinessig*

Rauna waschen / mit Meersalz und Kümmel in Alufolie einschlagen / bei 180 Grad garen / wenn sie weich sind, heiß schälen / in dünne Streifen schneiden / Meersalz aus der Mühle darüberreiben / Essig und Öl vermischen und die Rauna damit leicht marinieren.

Fisch: *4 Fische mit ca. 20 cm Länge /* filetieren

Filetiertes Fischfilet leicht salzen / Hautseite mehlieren / im heißem Butterschmalz resch braten / nur hautseitig / der Fisch muss oben noch glasig sein.

Anrichten / Rauna am Teller auflegen / Fischfilet daraufsetzen / aufgeschäumte Sauce über Rüben und Fisch nappieren / mit Schwarzbrotkrümel ausgarnieren.

Das Gericht / das kräftig purpurfarbene Rot und die aufgeschäumte weiße Sauce sind die dominierenden Farben. Röstaromen des knusprig gebratenen Fisches, feine Kümmel-Butteraromatik und der schlichte, leicht süßliche volle Geschmack der mehlig weichen Rüben ergänzen das Gericht.

ENTE »ADVENTLICH« MIT GEBACKENEN BRÖSELKNÖDELN

Von der rohen Ente Haxerl und Brust mit Knochen ablösen / mit Salz, Kümmel und Majoran würzen / in einem schweren Topf scharf anbraten / herausnehmen / gehackte Entenknochen darin goldbraun rösten / würfelig geschnittenes Wurzelwerk / Schalotten / Maroni / Orangenschale / Zimtstange / Piment / Nelken / Dörrpflaumen / Dörräpfel / kleinen Tannenzweig zugeben / mit Nussschnaps und Rotwein ablöschen / mit Entenfond aufgießen / Fleisch hineinlegen / zugedeckt schmoren lassen / Fleisch ausstechen / Gemüse und Dörrfrüchte herausnehmen / Sauce reduzieren / abseihen / abschmecken / Bröselknödel / Butter schaumig rühren / Ei-Dotter zugeben / hellgelb aufschlagen / angefeuchtete Brösel zugeben / verrühren / Knödel formen / in heißem Fett goldbraun ausbacken.

Anrichten / Entenstücke auf Gemüse und Dörrfrüchten anrichten / Sauce nappieren / gebackene Bröselknödel dazusetzen / mit frischem Tannenreisig garnieren.

Das Gericht / verschiedene Brauntönungen mit einem seidigen Glanz und etwas frischem Grün sind die optischen Bestandteile. Geschmacklich breit gefächert. Voll, intensiv, rund, weich, harmonisch, würzig, versteckte Süße, eine Nuance Harzigkeit. Schlicht – so schmeckt der Advent.

»Dieses Gericht vermittelt die Gerüche des Advents wunderbar.«

Ente adventlich

SÜSSES KOCH (KO) MIT RUMTOPF-FRÜCHTEN (6 Personen)

Koch: *8 El. Honig / 2 nussgroße Stück Butter / 8 El. Vollkornmehl / 1 Vanilleschote / 3 Pimentkörner / schwach 1/2 l Schlagobers / 1 El. Rosinen / 1 El. Rum / 2 Msp. Ingwer frisch gerieben / Schale von einer Orange / 3/8 l Milch*

Rosinen in Rum einweichen / Honig in einem Topf erhitzen / leicht karamellig werden lassen / Butter zugeben / leicht bräunen / Vollmehl einrieseln / verrühren / mit Milch aufgießen / Vanillemark zugeben / aufkochen lassen / gestoßenen Piment, Ingwer und Orangenschale zugeben / durchkochen, bis die Kochlöffelspur gerade noch verschleicht / abkühlen / geschlagenes Obers unterheben / Masse und Obers glatt verrühren / Förmchen dünn buttern / Rosinen einlegen / Masse hineinfüllen / erkalten lassen.

Rumtopffrüchte: *pro 1/2 kg Früchte ein 1/2 l Karamell-Läuterzucker, schwach 1/4 l Rum / nach und nach Erdbeeren/Kirschen/ Weichseln/Himbeeren/Brombeeren/Heidelbeeren/Stachelbeeren/Ribisel je nach Reifezeit / Apfelminze*

Früchte in Läuterzucker rasch blanchieren / abkühlen lassen / in einen Steinguttopf geben / mit Rum bedecken / umrühren / geschnittene Apfelminze zugeben / Deckel gut verschließen / mit den anderen Früchten genauso verfahren und dazugeben / gut verschließen / kühl lagern / im Winterhalbjahr verbrauchen.

Vanillesauce: *12 Dotter / 1 Vanilleschote / 1/2 l Milch / 3 El. Zucker / Milch, Zucker, ausgeschabte Vanilleschote aufkochen / Dotter einrühren / bis zur Rose erhitzen / kalt rühren / ergibt 1 Liter Sauce*

Apfelminzgelee *siehe Seite 119*

Anrichten / Rumtopffrüchte abtropfen / bunt am Teller arrangieren / Koch stürzen / Vanillesauce über die Früchte ziehen. Mit Apfelminzgelee garnieren.

Das Gericht / ockerfarben, honigsüß und leicht karamellig, zart stichfest, cremig. Kombiniert mit dem Rot-Violett der süßen, geistigen, beerigen Rumtopffrüchte und der dottergelben, molligen Vanillesauce.

»Rezepturen darf man nur so weit verändern, dass der ursprüngliche Geschmack nicht verlorengeht.«
Bei diesem Gericht weckte ich Kindheitserinnerungen meines Vaters.

Rosinen

JÄNNER

Über der Nebelzone, frei von Grau und Trübsal, erscheint der Jänner als erster Monat im Jahr klar, glitzernd, verschwenderisch blau. Rein und weiß erstrahlt die Natur im Sonnenschein. Funkelnd, als liegen tausende Diamanten verstreut, vermittelt uns dies einen neuen Anfang. Die ersten neuen Sonnenstrahlen lassen uns hoffen und dennoch, es ist Hochwinter, eisig die Temperaturen und Stillstand der Natur. Mollig würziger Rauch aus den Kaminen zieht uns an das wärmende Feuer. Es knackt, knistert und zischt auf, wenn wir nach Hl. Drei Könige den müden und mürbe gewordenen Christbaum verbrennen. Ein letztesmal vernehmen wir den Geruch vom harzigen würzigen Holz des letzten Jahres. Danach verschwinden die Kekse, und die Vorräte aus dem Vorjahr werden weniger. Träge und müde hängen wir Vergangenem nach und blicken zuversichtlich in eine ungewisse Zukunft. Holz wird noch eingebracht. Kalt und doch wunderbar aromatisch liegt es zur Weiterverarbeitung bereit. Eile ist geboten, denn um den 20. Jänner schießt der Saft in die Bäume.
Die Stunden an der frischen eisigen Luft färben die Backen rot und die Glieder werden klamm. Von draußen kommend, frisch, trocken und aktiv verführt einen sogleich die Wärme. Dampfend feucht die Kleidung, träge und langsam auftauend verfallen wir in eine entspannende Müdigkeit.

TRADITIONELLES

»Die Speisen der ländlichen Bevölkerung waren einfach und sättigend. Speisenfolgen, wie wir sie heute kennen, gab es kaum.«

SAUERKRAUT MIT ERDÄPFELN

Kraut: *Sauerkraut / Speckschwarte / Speck / Knoblauch / Zwiebel / Salz / Kümmel / Lorbeer / Pfefferkörner / Senfkörner / Koriander / Wacholderkörner / Majoran / säuerliche Äpfel*

Kraut mit Salz, Kümmel, aufstellen / halbweich kochen lassen / Wasser abschütten / frisches Wasser zugeben / Speckschwarte / Gewürze im Leinensäckchen, zugeben / weich kochen / Speck würfeln / auslassen / Zwiebel und Knoblauch würfeln / anschwitzen / Speck, Zwiebel und Knoblauch zum Kraut geben.

Erdäfeln: *Speckige Kartoffeln* / in Salzwasser oder im Kraut weich kochen

KARPFEN IN BÖHMISCHER SOSS

Karpfen: *Karpfen / je ein Drittel dunkles Bier, Essig, Knochensuppe / Wurzelwerk / Zwiebel / Walnusskerne / Lorbeerblatt/ Lemonischale / Majoran / Kümmel / Nelken / Piment / Pfefferkörner / Koriander / Senfkörner / Schwarzbrot- und Lebkuchenbrösel / Salz*

Gewürze / Wurzelwerk / Knochensuppe / Bier / Essig / aufkochen / simmern lassen / den Karpfen grob hacken / salzen / in den Sud einlegen / mit den Bröseln bestreuen / zugedeckt ziehen lassen / herausnehmen / Sud abseihen / darübergießen.

»Hier fand der harte Lebkuchen von Weihnachten noch Verwendung.«

SCHNELLES BRATL oder BAUERNBRATL MIT ERDÄPFELN

Brat'l: *Schweinsbauch in Scheiben geschnitten / Salz / Pfeffer / Kümmel / Knoblauch / Zwiebel / scharfer Paprika / speckige Kartoffeln*

Bratl mit Salz, Pfeffer, scharfem Paprika und Knoblauch würzen / Zwiebel in nicht zu dünne Ringe schneiden / Fleisch mit der Schwarte nach oben / abwechselnd Fleisch, Kartoffeln und Zwiebel in eine Rein setzen / bei starker Hitze braten.

ZWECKERL MIT ÄPFELN

Zweckerl: *Mehl / Milch / Ei / Äpfel / Butter / Zucker / Zimt*

Mehl, Milch, Ei zu einem mittelfesten Teig verarbeiten / fingerdicke Rollen formen / kleine Stücke abstechen / in Salzwasser kochen / bis sie oben schwimmen / Äpfel schälen / blatt'ln / in Butter, Zucker und Zimt weich dünsten / Zweckerl zugeben / vermischen.

INTERPRETATIONEN

KRAUTSCHEDL MIT GEPÖCKELTER SCHWEINSZUNGE UND APFELKOCH
(4 Personen)

Zunge: *2 gepökelte Schweinszungen*

Gepökelte Zungen waschen / mit Wasser aufstellen / weich kochen / heiß häuten / im Kochsud auskühlen lassen / Sud entfetten

Krautschedl: *4 gehäufte El. fertiges Sauerkraut / 2 Kartoffeln / 1 Ei / 1/2 Becher Sauerrahm/Salz/Muskat/etwas Butter*

4 kleine runde Formen buttern / Kartoffeln in sehr dünne Scheiben schneiden / Form damit schuppenartig auslegen / Sauerkraut hineinfüllen / Ei mit den Gewürzen und Sauerrahm verquirlen / übers Kraut gießen / bei 160 Grad 30 Minuten backen.

Apfelkoch: *etwa 5 Stk. säuerliche Äpfel / 1 kinderfaustgroße Zwiebel / 1 Kl. Ingwer gerieben / 1 El. Senfkörner/1 gestrichener El. Salz / 1 Msp. Cayennepfeffer / 1/4 l Mostessig / 40 gehäufte El. Rohrzucker (600 g) / 5 cm Krenwurzel gerieben*

Äpfel schälen / vierteln / entkernen / in Scheiben schneiden / Zwiebeln sehr fein würfeln / alle Zutaten ausgenommen Kren in einen Topf geben / ständig rühren / dick einkochen lassen / Kren zufügen / in Gläser füllen.

Garnitur: *1/2 Karotte / 1/2 gelbe Karotte / etwas Sellerie / 1 Erdbirne / Schnittlauch / Apfelessig aus dem Zerstäuber*

Karotten schälen / sehr fein würfeln / Erdbirne schälen / mit einem Hobel in sehr dünne Blätter schaben / Schnittlauch schneiden.

Anrichten / Krautschedl leicht überkühlen lassen / auf ein kleines Teller stürzen / Zunge aus dem Sud nehmen / der Länge nach dünn aufschneiden / locker am Teller arrangieren / mit den Garnituren bestreuen / mit Apfelessig aus dem Zerstäuber besprühen / in die Mitte etwas Apfelkoch setzen.

Das Gericht / vorherrschende Farbe ist das dunkle Pökelrot der Zunge. Aufgelockert durch die bunten Gemüsewürfel und das Blassgelb des Krautschedls. Die Würzigkeit der feinfasrigen, kalten, weichen Zunge ist kombiniert mit dem warmen, feinsäuerlichen vollen Geschmack des Krautschedls. Knackig frisch die Garnitur, fruchtig, feinsäuerlich mit heimlicher Schärfe, das Apfelkoch, welche das Gericht ergänzt.

»Ein eigenständiges Gericht, das jedoch aufgrund der Zutaten viele Parallelen zu traditionellen Gerichten erkennen lässt.«

BAUERNSPARGELSUPPE MIT ARANZINI (4 Personen)

Suppe: *4 Stangen Bauernspargel / Butter/ Salz / Kümmel / Lorbeer / Distelöl / 1 kleine Zwiebel / Muskatblüte / 1/2 l Geflügelfond / 1/4 l Schlagobers / 1/4 l Sauerrahm/ 1/2 El. Aranzini*

Bauernspargel schälen / in Alufolie mit Butter und etwas Salz einschlagen / bei 180 Grad 25 Minuten weich garen / Zwiebel in Distelöl anschwitzen / gegarten Bauernspargel mit entstandenem Saft zugeben / Gewürze und Aranzini beifügen / mit Geflügelfond und Obers auffüllen / aufkochen lassen / mit Sauerrahm mixen / passieren.

Garnitur: *1 Stange Bauernspargel / 1 El. Mehl griffig / 1 El. Maizena / 1 Msp. Backpulver / 7 El. Wasser*

Bauerspargel schälen / in zwei mal zwei Millimeter dicke Streifen schneiden / kurz in Salzwasser blanchieren / abschrecken / abtrocknen / mit Mehl bestäuben / aus den Zutaten einen Teig bereiten / Bauernspargel durch den Teig ziehen und heiß frittieren.

Anrichten / Suppe mit Stabmixer aufschäumen / in Suppenteller gießen / frittierten Bauernspargel dazuservieren.

Die Suppe / die leichte Elfenbeinfarbe vermittelt den Eindruck von Sämigkeit. Orange Farbpunkte bestätigen einen Hauch von Fruchtigkeit und Süße, die den einfachen, leicht erdigen Geschmack wunderbar ergänzt.

»Gart man Bauernspargel in der Folie, bleibt das Aroma besser erhalten.«

Aranzini

EINGEMACHTE ERDÄPFEL MIT SENFGURKEN (4 Personen)

Senfgurken *siehe Seite 120*

Senfkörner: *2 El. Senfkörner keimen lassen / (1 El. Senfkörner später dazugeben)*

Erdäpfel: *20 Stück Kipflerkartoffeln / zwei 10 cm lange Stücke Senfgurken / 1 Knoblauchzehe / Salz / Lorbeerblatt / Pfefferkörner / Kümmel / 1 kleine Zwiebel / 1 El. Butter / 1 kleine Kartoffel mehlig / Muskatnuss / 1/2 Mkl. scharfer Senf / 1/4 l Schlagobers / 1 El. Rapsöl*

Kipflerkartoffeln schälen / mit Wasser / Lorbeer / Pfefferkörner / Kümmel / Salz / zerdrückter Knoblauchzehe / weich kochen / Kartoffeln herausnehmen / in einem Topf Butter bräunen / Rapsöl zugeben / Zwiebel würfeln / anschwitzen / die mehlige Kartoffel fein reiben / beimengen / mit einem Teil des Erdäpfelfonds aufgießen / durchkochen / Obers zufügen / abschmecken / passieren / 2 El. leicht angekeimte Senfkörner, gewürfelte Senfgurke, Kartoffeln zugeben / etwas kochen lassen.

Senfkörnersalat: *2 El. gekeimte Senfkörner / 2 handvoll Vogerlsalat / Senfdressing (siehe Seite 120)*

Vogerlsalat waschen / gemeinsam mit Senfkörnern marinieren.

Anrichten / auf ovalen Tellern / Kartoffeln mit etwas Sauce / daneben Vogerlsalat mit Keimlingen.

Das Gericht / präsentiert sich blassgelb, elfenbeinfarben, mit zartestem Blassgrün und jungem satten Grün. Erdig, würzig, pikant-säuerlich mit feiner Schärfe und dezenter Senfaromatik.

»Ein altes Rezept, das ich als Vorspeise neu ausgearbeitet habe.«

NEUJAHRSKARPFEN IN BÖHMISCHER SAUCE

Karpfen filetieren / die Gräten in Stücke hacken / Karpfenfleisch salzen / Gräten in einem Topf anrösten / etwas Wurzelwerk / Zwiebel / Knoblauch / je ein Drittel dunkles Bier / Fischfond / Hühnersuppe / Lorbeerblatt / Lemonischale / Kümmel / Nelken / Piment / Pfefferkörner / Koriander / Senfkörner / Schwarzbrot und Lebkuchenbrösel / Salz / zugeben / leise köcheln lassen / durch ein feines Sieb abseihen / und reduzieren lassen / mit Butter montieren / Fischfilet leicht mehlieren und in Rapsöl und Butter sanft braten / wenn der Fisch gar ist, herausnehmen / die Sauce darübernappieren / Erdäpfel-Lemoniknödel / mehlige Kartoffeln kochen / passieren / mit Salz, Muskat, geröstetem Grieß, griffigem Mehl, etwas Maizena und Lemonischalen einen Erdäpfelteig zubereiten / kleine Knödel formen und in Salzwasser einkochen / Fisch mit geschroteten Gewürzen / Lebkuchenbrösel und frisch gehackter Petersilie garnieren

Anrichten / Fischfilet aufs Teller legen / die Sauce aufschäumen / über den Fisch ziehen / Erdäpfel-Lemoniknödel dazusetzen / ausgarnieren.

Das Gericht / die Lebkuchenaromatik, zarter herber Malzton und die üppig ausgewogenen Aromen ergeben eine Einheit mit den fein zitronigen, mittelweichen Erdäpfelknödeln. Hauptfarbe ist das Hellgelb der Knödel und die rostbraune glänzende Sauce des Fisches.

»Vergleichen Sie die traditionellen Rezepturen und die Interpretationen und erkochen Sie den Unterschied!«

INTERPRETATIONEN

RAUBERBRATEN MIT LAUCH-GEMÜSE UND PÜREE
(4 Personen)

Rauberbraten: *4 Rindsschnitzel aus der Schale / Salz / Pfeffer / Senf / 8 dünne Scheiben Bauchspeck / 4 dünne Scheiben Weißbrot / 4 Essiggurkerl / 1 Zwiebel / 1 Karotte / 1 gelbe Rübe / 1 kinderfaustgroßer Sellerie / 1 weiße Rübe / 1/2 Becher Sauerrahm / 1 mehlige Kartoffel gerieben / etwas Kümmel, Lorbeer, Pfefferkörner, Muskatblüte / 1 El. gehackte Petersilie / etwas Lustkraut*

Wurzeln schälen / die Hälfte in Stäbe schneiden / den anderen Teil raffeln / Schnitzel klopfen / würzen / mit Senf bestreichen / belegen mit Speck, Brot, Gemüsestiften und Gurkenstreifen / fest einrollen / mit Zahnstocher fixieren / mehlieren / scharf anbraten / das Fleisch muss rundherum hellbraun sein / Wurzeln und Gemüse zugeben / Rindsuppe untergießen / weichdünsten / Fleisch ausstechen / Sauce mit geriebenen Kartoffeln binden / mit Sauerrahm und Kräutern vollenden.

Püree: *4 kinderfaustgroße mehlige Kartoffeln / etwas Milch / Salz / Muskat / 1 El Butter*

Kartoffeln mit der Schale weich kochen / schälen / passieren / Butter bräunen / Milch zugießen / mit Salz und Muskat würzen / Kartoffeln zugeben / mit Schneebesen glatt und cremig rühren.

Gemüse: *16 kleine Schalotten / 2 Stk. Knoblauch / 1 Stange Lauch (nur den festen Teil) / Salz / Muskat / 1 El. Zucker / etwas Most / Gemüsefond / Rapsöl / Butter / ein kleiner Bund Schnittlauch*

Schalotten schälen / Knoblauchknolle halbieren / Lauch in 1 cm dicke schräge Scheiben schneiden / in einer Pfanne Öl und Butter erhitzen / Knoblauch mit der Schnittseite einlegen / anbraten / herausnehmen / Zucker zugeben / schmelzen lassen / Schalotten beimengen / schwenken / mit Most ablöschen / angebratenen Knoblauch zugeben / dünsten lassen / kurz bevor das Gemüse gar ist, Lauchscheiben einlegen / alles würzen / offen fertig dünsten, so dass zum Schluss die Flüssigkeit verdampft ist / mit Schnittlauch bestreuen.

Anrichten / Püree kreisförmig in die Mitte des Tellers setzen / Fleisch in drei Scheiben schneiden / auf das Püree setzen / die Sauce nappieren / Lauchgemüse rundumsetzen.

Das Gericht / die Farben reichen von Rostbraun bis Orange- und Gelbtöne. Frische bringt der sattgrüne Schnittlauch sowie das Zartgrün des Lauchs auf den Teller. Abgerundet wird es von einem Blassgelb des Pürees. Geschmacklich sind die Gemüsearomen des Winters eingefangen. Mollige, erdige, würzige und scharfe Nuancen, gepaart mit einem mürben, weichen Rindfleisch.

»Ein wunderbares Festtagsessen, das nicht viel Mühe bereitet.«

ZWECKERL MIT ÄPFELN UND APFELMINZSORBET (4 Personen)

Zweckerl: *1 Menge Strudelteig (Teig etwas fester zubereiten)*

Teig bereiten / rasten lassen / zu Rollen formen / kleine Stücke (Zweckerl) abstechen (abzwicken) / in kochendes Wasser einkochen / wenn die Zweckerl obenauf schwimmen, herausnehmen / zu den Äpfeln geben.

Äpfel: *4 kinderfaustgroße Äpfel (säuerliche und festkochende) / 1 Msp. Zimt / 2 El. Zucker / Mark einer Vanilleschote / etwas Zitronenschale / 1 Mkl. gehackte Minze / 1 Msp. Koriander geröstet und geschrotet / 1 El. geröstete gehackte Haselnusskerne / Hagelzucker*

Äpfel schälen / entkernen / in 1 cm starke Würfel schneiden / Zucker karamelisieren / Butter, Äpfel und Gewürze zugeben / dünsten lassen / der gelbliche Apfel muss sich in ein Karamellbraun färben / die entstandene Flüssigkeit rasch einkochen / die Äpfel sollen jedoch nicht zerfallen / Zweckerl beimengen / durchschwenken / mit Nüssen und Hagelzucker bestreuen.

Sorbet *siehe Seite 119*

Anrichten / Äpfelzweckerl in einer Suppenschüssel anrichten / mit Minzblättchen garnieren / Sorbetkugel in eine Apfelschale setzen und auf einem kleinem Teller servieren.

Das Gericht / goldgelb und karamellbraun mit frischem, zarten Dunkelgrün der Minzblätter. Aromatisch duftend nach Gewürzen und Äpfeln, edelsüß mit feiner Fruchtsäure, umhüllt mit zart-molliger Vanille-Butternote. Weich und verführerisch mit einem Hauch kühl erfrischendem Minzmenthol.

»Unbedingt probieren, ein Aha-Erlebnis

FEBRUAR

Die Tage werden bereits etwas länger. Der nahende Frühling ist zu spüren. Die Luft ist fetter und feuchter. Unruhe durchdringt den Landstrich. Noch fallen dicke weiche Flocken wie Wattebauschen nieder, tanzen in der Luft und verzaubern die Landschaft aufs Neue. Dick und schwer lastet der Schnee auf den Bäumen und so manch einer gibt ächzend der Last nach. Die anfangs noch kalten Nächte, die wunderbare Eiskristalle auf die dürren Baumgerippe zaubern, weichen fortan den wärmeren. Die Natur beginnt zu plaudern.
Der Bach gluckst dir eine Melodie vor. Er befreit sich von der eisigen Decke. Er unterwandert diese und sprudelt frech und klar bei einem Schlupfloch heraus. Die großen Eisflächen ahnen auch ihr Ende. Dramatik liegt in der Luft. Ächzend und knackend wehrt sich das Eis gegen sein Ende. Knirschend mit einem Knall zerbirst es. Schiebt sich malmend und splitternd über den Uferrand hinweg. Mit einem tosenden Rauschen begrüßt uns der befreite Fluss. Braun schäumend ziehen die Fluten vorbei, obenauf die letzten Reste seiner Decke. Die ersten nass glänzenden Erdkrümel kommen zum Vorschein. Die Luft ist feucht und die Natur gibt die letzten Eindrücke des vergangenen Jahres her. Modrig und stumpf kündigt sie das Sterben des Winters an. Langsam tauscht die Natur ihren weißen Mantel gegen einen schmutzig braunen.

RÜBENKRAUT

Rübenkraut: *Weiße Rüben / Salz / Kümmel / Lorbeerblatt / Wacholderbeeren*

Rüben schälen / grob raffeln / mit Gewürzen vermischen / zusammendrücken, so dass der Saft kommt / in ein Tongefäß füllen / fest pressen / die Rüben müssen mit Saft bedeckt sein / mit einem Leinentuch abdecken / beschweren / 4 Wochen an einem warmen Ort stehen lassen / Tuch öfters wechseln / wenn nötig Wasser nachgießen / die Rüben roh oder gekocht mit Speckwürfeln servieren.

»Das Rübenkraut war nie so beliebt wie das Sauerkraut, obwohl geschmacklich nicht schlechter als dieses.«

FISCHKNÖDEL

Knödel: *grob faschiertes Karpfenfleisch / Butter / in Milch eingeweichte Semmeln / Eier / Zwiebel / Muskatnuss / Salz / Majoran*

Butter mit Ei abtreiben / Gewürze / gehackte Zwiebel / ausgedrückte Semmel / faschiertes Fischfleisch zugeben / vermischen / ziehen lassen / Knödel formen / in Salzwasser schwach wallend einkochen.

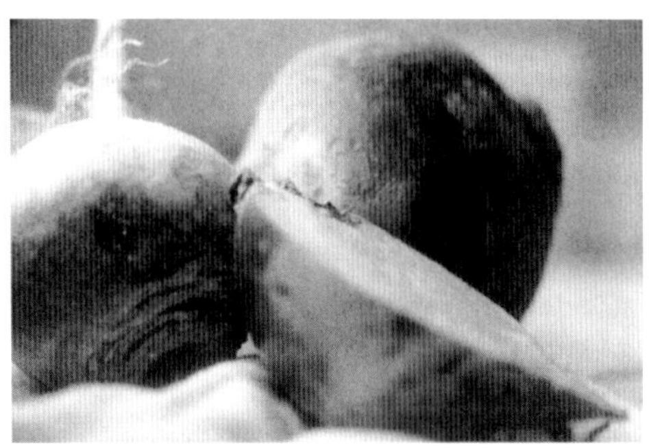

Rüben

BESSERES GESELCHTES

Fleisch: *Geselchtes Schweinefleisch von einem besseren Stück / Salz / Kümmel / Pfefferkörner / Mehl / Sauerrahm*

Fleisch mit Gewürzen in Wasser weichkochen / ausstechen / Mehl mit Sauerrahm versprudeln / Selchsuppe damit leicht abziehen / dazu munden am besten Grießknödel.

Grießknödel: *Grobgrieß / Semmelbrot / Butter / Selchsuppe*

Semmelwürfel in Butter braten / Grieß dazugeben / mit siedender Selchsuppe abbrennen / ziehen lassen / Knödel formen / einkochen.

»Diese Art von Geselchtem gab es meist nur Sonntags.«

GEBACKENER GRIESS

Grieß: *Milch / Grieß / Ei / Staubzucker*

Milch aufkochen / Grieß einrieseln lassen / dickbreiig einkochen / warm fingerdick auf ein Blech streichen / erkalten lassen / in Rauten schneiden / in verklopftem Ei wenden / ausbacken, so dass sich Fransen bilden / mit Zucker bestreuen.

LACHSFORELLE AUS DER GEWÜRZSUR MIT SCHWARZEM RETTICH (4 Personen)

Lachsforelle: *1 Stk. Lachsforelle mit ca. 30 cm Länge, filetieren / 1 Mkl. Kümmel / 1 Mkl. Anis / 1 Kl. Koriander / 1 Mkl. Fenchelsamen / 1 Mkl. Pfefferkörner / 1 Mkl. Senfkörner / 1/8 Muskatnuss/ 2 Blätter Lorbeer / Meersalz / Lemonischale / 1/16 l Distelöl / 1/16 l Leinöl / 1 Mkl. Sesamöl*

Lachsforelle filetieren / von den Gräten befreien / Lemonischale abreiben / Gewürze schroten / mit etwas Öl vermengen / Lachsfilet in vier Portionen teilen / leicht salzen / mit Gewürzöl einreiben / zugedeckt zwei Tage im Kühlschrank stehen lassen / Rohr auf 80 Grad vorheizen / Filets auf ein Porzellanteller setzen / mit Klarsichtfolie fest verschließen / im Rohr je nach Dicke der Filets 10-15 Minuten garen.

Rettich: *5 Stk. babyfaustgroße Rettiche / Salz / Zitrone / Sauerrahm / Forelleneier / etwas Distelöl.*

4 Stk Rettich aushöhlen / das Fruchtfleisch für die Marinade aufheben / 1 Rettich dünn schälen / in feines Julienne schneiden / salzen / etwas Zitronensaft zugeben / ziehen lassen / leicht ausdrücken / mit Sauerrahm und Öl vermischen / marinierten Rettich in den ausgehöhlten Rettich zurückgeben / mit Forelleneiern garnieren.

Marinade: *3 El. Kandiszucker / ausgehöhltes Rettichfleisch von 4 Rettich / Gewürzöl / Zitronensaft / etwas Senf*

Geriebenes Rettichfleisch mit Kandiszucker vermischen / stehen lassen bis sich der Zucker gelöst hat / den entstandenen Saft mit einem Leinentuch abpressen / etwas Zitronensaft zugeben / Gewürzöl abseihen / Marinade mit dem Öl und Senf versprudeln.

Anrichten / Rettich am Teller platzieren / Fisch vorsichtig auf den Teller heben / mit Marinade überziehen.

Das Gericht / sanfte Farben, Schwarz, Blassweiß, Ziegelrot und dunkles Strohgelb bestimmen die Optik. Aromatisch, zart würzig, knackige feine Rettichschärfe und eine mollige Marinade ergeben mit dem zarten Fischfilet ein ausgewogenes Geschmacksbild.

»Schlicht, toll und nicht schwer zu kochen.«
Fleisch und Fisch surte man ein, um sie haltbar zu machen. Ich wende diese Technik an, um Aromen ins Fischfleisch zu transportieren.

Lachsforelle

ZUCKERHUT-GERSTLSUPPE
(4 Personen)

Suppe: *1 kleiner Zuckerhut / 1/2 l kräftige Hühnersuppe / 4 El. Rollgerste / 1/4 l Obers / schwach 1/4 l dunkles Bier / Salz / Zucker / 1 nussgroßes Stück Butter / 1 Msp. Speisenatron / 1 gehäufter El. Vollkornmehl / geriebene Muskatnuss / 2 gestoßene Pimentkörner / 1 Msp. Zimt / 1 Msp. geriebene Zitronenschale / 1 Mkl. Pfefferschrot / 1 El. gehackte Petersilie*

Zuckerhut längs vierteln / in feine Streifen schneiden / 10 Minuten in lauwarmem Wasser einweichen / Zuckerhut in Salz-Natronwasser kurz blanchieren / eiskalt abschrecken / Butter zerschleichen lassen / Zucker anschmelzen / Mehl einrühren / mit etwas Blanchierfond und Bier aufgießen / um ein Drittel reduzieren / die Hühnersuppe angießen / Gerstl zugeben / Gewürze beifügen / weichkochen / Obers, blanchierter Zuckerhut, sowie gehackte Petersilie zufügen / gut vermischen.

Anrichten / in heißem Suppenteller / mit Petersilienblättern und einem Topf Sauerrahm garnieren.

Die Suppe / blassgrün bis ockerfarben, mit einem Hauch von Bitternis und Malzigkeit, gepaart mit vollem Geschmack und typischer Getreidenote.

KOHLWICKLER MIT DINKELFÜLLE UND AUFGESCHLAGENER BROTSAUCE (4 Personen)

Kohlwickler: *1 kleiner Kohlkopf / 8 El. geschälter Dinkel / 1 kleine Zwiebel / 1 Zehe Knoblauch / 1 kleine Karotte / 1/4 Sellerie / 4 El. Topfen / 1 Kl. Senf / 2 El. Haferflocken / 1 El. geschroteter Leinsamen / Salz / Muskat / Pfeffer / gehackte Petersilie / Schnittlauch / gehackter Kerbel / 2 El. Nussöl / 1 El. Distelöl/Gemüsefond*

Vier große grüne Blätter vom Kohl abnehmen / in Salz-Natronwasser kurz blanchieren / abschrecken / in einem Topf Dinkel ohne Öl bei großer Hitze leicht rösten / herausnehmen / in Distelöl gehackten Zwiebel, gehackten Knoblauch, geriebene Karotten und Sellerie andünsten / Dinkel zugeben / vermischen / mit Gemüsefond aufgießen / weich kochen / gegen Ende der Garzeit 1/4 gewürfelten Kohl beigeben / einkochen / die Flüssigkeit verdampfen / Dinkel und Kohl müssen weich sein / überkühlen lassen / die restlichen Zutaten beimengen und eine Stunde stehen lassen / aus den Kohlblättern den Strunk entfernen / Fülle daraufsetzen / Seitenränder einschlagen / einrollen / eventuell mit Speckscheiben belegen / in gebutterte Form setzen / etwas Gemüsefond angießen / bei 160 Grad 35-40 Minuten backen.

Aufgeschlagene Brotsauce: *4 Dotter / 2 El. Rapsöl / 1 El. Leinöl / 1 El. Nussöl / Salz / Pfeffer / 1 Scheibe hartes würziges Schwarzbrot / 8 El. Schlagobers*

Brot mittelfein reiben / alle Zutaten vermischen / im Topf mittels Schneebesen zu einer dicklichen Sauce aufschlagen.

Anrichten / Sauce in die Mitte des Tellers setzen / Kohlwickler daraufsetzen / mit Kräutern und Schwarzbrotbröseln garnieren.

Das Gericht / farbbestimmend ist braungelb-grün. Voluminös, brotig, luftig die Sauce, welche die körnige Gemüse-Getreidefülle einhüllt.

»Kohl mit Dinkel anstatt Fleisch zu füllen wird auch Nichtvegetarier überzeugen.«

RÄUCHERAALKNÖDEL MIT SÜSSEM KRAUT (4 Personen)

Knödel: *1/2 kleiner Räucheraal, (Räucherforelle) / 4 nussgroße Stück Butter / 1 Eidotter / 1 Ei / 14 El. Grieß / 8 El. Maisgrieß / 1 El. gehackte Petersilie / 10 Scheiben Toastbrot / Salz / Pfeffer / Muskat / 1 Mkl. Korianderschrot / etwas Zitronenschale / 4 Champignonköpfe / 2 Schalotten / 1 nussgroßes Stück Butter*

Räucheraal filetieren / Gräten und Haut für Sauce aufheben / Fleisch klein würfeln / Toastbrot in kleine Würfel schneiden / in Butterschmalz knusprig braten / Champignons und Schalotten fein hacken / in Butter andünsten / Butter hellgelb schlagen / nach und nach das versprudelte Ei zugeben / sehr hell und luftig aufschlagen / Grieß und Maisgrieß beimengen / ziehen lassen / Toastbrotwürfel, Schalotten, Champignon und Gewürze zugeben / alles gut vermengen / etwas zusammendrücken / 2 Stunden stehen lassen / Knödel formen und in Gemüsebouillon einkochen.

Süßes Kraut: *1 sehr kleiner Krautkopf / 2 nussgroße Stück Butter / 1/2 gestrichener El. Zucker / 1 El. Paprika edelsüß / Salz / Pfefferschrot / Korianderschrot / 1 Lorbeerblatt / 1 kinderfaustgroße Zwiebel / 1/4 Zitronenschale / 1/16 l Most / 1 El. gehackte Petersilie*

Kraut würfeln / Zwiebel würfeln / in Butter glasig werden lassen / Paprikapulver, Zucker zugeben / mit etwas Most aufgießen / verdampfen lassen / Kraut und Gewürze zugeben / Wasser angießen / weichdünsten / mit einer rohen geriebenen Kartoffel binden / mit gehackter Petersilie vollenden.

Räucherfischsauce: *Abschnitte (Gräten, Haut) vom Räucheraal / 10 cm Lauch / 1 Zwiebel / 1 Karotte / 1 Mkl. Fenchelsamen / 1 Mkl. Korianderkörner / 1 Mkl. Senfkörner / 2 Blatt Lorbeer / 5 Pfefferkörner / Zitronenschale / 1 nussgroßes Stück Butter / 1/8 l Obers / etwas Most*

Räucherfischabschnitte mit den Gewürzen und Wasser aufstellen / aufkochen / 1 Stunde simmern lassen / abseihen / soviel reduzieren, dass der Topfboden gerade noch bedeckt ist / mit Obers auffüllen / aufkochen / mit Butter montieren / nachschmecken.

Anrichten / Kraut in die Tellermitte setzen / 3 Stk. Knödel aus dem Wasser nehmen / in Butter abschmalzen / auf dem Kraut platzieren / mit etwas Sauce nappieren.

Das Gericht / kupferrot süßlich, würzig das Kraut. Beige, mit vollem Geschmack die Knödel, umspült von einer würzigen, nach Räucheraromen duftenden, leichten Sauce.

INTERPRETATIONEN

SCHWEINSNUSS MIT FENCHEL KNOBLAUCHGEMÜSE; ERDÄPFELSTERZ
(6 Personen)

Schweinsnuss: *1 Stk. Schweinsnuss von Häuten und Sehnen befreit / 1 Karotte / Salz / Pfeffer*

Karotte schälen / in Stäbe schneiden / Schweinsnuss damit spicken / würzen / mehlieren / in Butterschmalz rundherum hellbraun anbraten / gemeinsam mit dem Fenchelgemüse zugedeckt bei 80 Grad 4 Stunden garen.

Fenchelgemüse: *1 Stk. mittelgroßer Fenchel / 2 babyfaustgroße Zwiebeln / 1/8 Sellerie / 4 Knoblauchzehen / Salz / Muskat / Gemüsefond / eingemachte Paradeiser (siehe Rezeptteil)*

Zwiebel und Knoblauch sehr fein würfeln / Gemüse würfeln / alles in demselben Topf anbraten, in dem das Fleisch angebraten wurde / glasig werden lassen / mit Gemüsefond aufgießen / Fleisch einlegen und wie oben beschrieben garen / mit eingemachten Paradeisern vollenden.

Erdäpfelsterz: *4 große Kartoffeln (Linzer Rose) / 1 Msp. Kümmel / 2 Blatt Lorbeer / 1 Knoblauchzehe / etwas Salz / 1 Muskatblüte / einige Rosmarinnadeln / 2 El. Vollkornmehl / 1 El. Butterschmalz*

Erdäpfel schälen / mit den Gewürzen weich kochen / grob zerstampfen / mit Vollkornmehl abbröseln / in einer Pfanne Butterschmalz erhitzen / Masse darin Farbe nehmen lassen / immer wieder lockern.

Anrichten / Fleisch dünn aufschneiden / Gemüse und Sauce untersetzen / Sterz beigeben / garnieren mit frischem Kerbelgrün.

Das Gericht / goldgelb leuchtet der Erdäpfelsterz zum eher Blassgrün bis Rosa der anderen Zutaten. Fenchel und Knoblauch entschärfen gegenseitig ihren ausgeprägten Geschmack und lassen den zart-mürben Geschmack des Fleisches zu. Der herzhafte Erdäpfelsterz ergänzt die Geschmäcker.

»Ein gutes Beispiel dafür, dass Schweinernes und Erdäpfelsterz auch ein leicht verdauliches Essen sein können.«

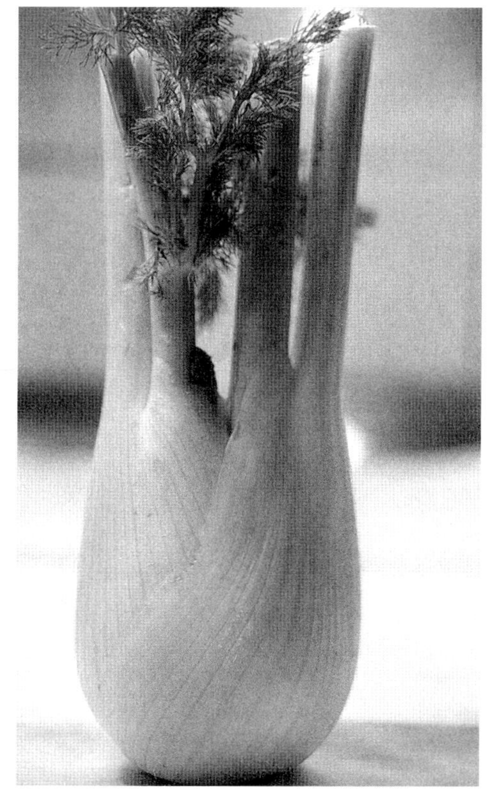

»EISSTOSS« – GEFLÄMMTE GRIESS-SCHNITTEN MIT HOLLER-ZWETSCHKEN

Schokolade schmelzen / auf ein Blech mit Backpapier aufgießen / mit weißer Schokolade Muster ziehen / kurz vor dem vollständigen Erkalten in Quadrate mit 7x7 cm teilen / diagonal nochmals teilen / Schokolade vollständig aushärten lassen / entstandene Dreiecke in die Tiefkühltruhe geben / eine Grießflammeriemasse zubereiten / Grieß in Milch einkochen / Zucker / Orangenschale / Vanille / zugeben / mit Gelatine versetzen / abkühlen lassen / Obers unterheben / bevor diese vollständig stockt, mit einem Spritzsack die Masse 1 cm hoch auf die Hälfte der Schokoladedreiecke aufspritzen / mit einem Dreieck abdecken / im Kühlschrank vollständig fest werden lassen / für die Sauce die Zwetschken mit etwas Flüssigkeit mixen / passieren.

Anrichten / mit einem breiten Küchenpinsel die Sauce wellenförmig auf das Teller auftragen / abgetropfte Zwetschken auf der Sauce platzieren / drei gefüllte Schokoladedreiecke wie bei einem Eisstoß arrangieren / mit geschäumter Vanillesauce fertigen.

Das Gericht / granatrot die würzig süß-säuerlichen Zwetschken. Mollig-gelb die Vanillesauce, kombiniert mit zart körnig cremigen Grießschnitten. Gemeinsam ein fruchtig-schokoladiges Dessert.

ERINNERUNGEN

Kindheitserlebnisse, versunken im tiefen Schlummer – Empfindungen wecken unsere Sinne, Verborgenes fügt sich aneinander, Kindheitserzählungen bereichern so manch kulinarischen Genuss.

Biokarpfen anno 1950

Es gibt Teiche, dir wohlbekannt. Näherst du dich ihnen, schenken sie dir die Gewissheit, die Ahnung von Lebenstiefe, die Erinnerung. Es sind die Teiche deiner Kindheit. Gleich einem dunklen Auge zwinkern sie dir zu, so als gäbe es unendlich viel zu erzählen.
Einer dieser Teiche war der Karpfenteich meines Großvaters.
Der Weg dorthin – hügelauf-hügelab war recht abwechslungsreich – an Bauernhöfen vorbei, nochmals ein Hügel, unvermittelt tauchte er auf – rund, gleich einer Krateröffnung, dunkel, so als würden unzählige Geheimnisse darin wohnen. Eines davon machte sich bemerkbar, indem immer wieder runde Fischmäuler aufschnappten, besonders dann, wenn wir Futter in den Teich in einem weiten Bogen streuten. Wie viele Karpfen es tatsächlich waren, die sich im Teich umhertummelten, wusste mein Großvater nie genau, doch im Spätherbst, wenn er den Teich ausfischte, waren immer genügend vorhanden, um meinen Großvater zufriedenzustellen.

Die Arbeit des Ausfischens war eine sehr aufwendige. Zunächst wurde das gesamte Wasser des Teiches ausgelassen, in einer Holzschleuse blieben die Karpfen zurück, mit bloßen Händen wurden diese geschnappt und in große Holzbottiche, die mit frischem Wasser gefüllt waren, hineingeschubst. Eine anstrengende Arbeit begann: mit dem Schubkarren wurden die Bottiche den Hügel hinaufgekarrt, weiter talabwärts zum Wehrbach eines herrlich klaren Flusses befördert. Dort wurden die Karpfen in eine Art Netzkorb umgeleert und verblieben einige Tage, um gründlich ausgewässert zu werden.
In dieser Zeit wurde das Ufer des Teiches ausgebessert, kleine Karpfen wieder eingesetzt und frisches, unverbrauchtes Wasser eingelassen. Nach all diesen Vorarbeiten konnte endlich der Verkauf am Marktplatz unseres Ortes beginnen.

Für mich der lustigste Teil des Karpfengeschäftes. Da stand nun mein Großvater in unserer breiten Hauseinfahrt, umringt von unzähligen Bottichen, wassergefüllt, belebt mit vielen aneinanderstubsenden Karpfen.

Der Verkauf begann. Es schien, als wären sämtliche Hausfrauen unseres Ortes hierher gekommen, um diese seltene Köstlichkeit einzukaufen. Es hatte sich rasch herumgesprochen, wie köstlich unsere Karpfen waren. Heute ist mir klar, das »Auswässern« und die Frische der angebotenen Karpfen bewirkte dies.

Für mich als kleines Mädchen gab es noch etwas Lustiges. Suchten die Kundinnen ihren Fisch aus, schlug mein Großvater das Prachtstück ab, entschuppte es und nahm die Eingeweide heraus. Mir rollte er ein unscheinbares weißes Ding zu – es war die Schwimmblase des Fisches. Kaum, dass die Kundinnen es sehen konnten, legte ich die Blase aufs Pflaster und sprang darauf und die Aktion endete mit einem lauten Knall. Die Kundinnen, in ihren Fischkauf oder Tratsch verwickelt, waren völlig unvorbereitet auf diesen Knall. Gleich einem Entengeschnatter redeten alle durcheinander.
Mein Großvater voll Gelassenheit verkaufte weiter seine Fische.
Ich denke jetzt, es hat uns beiden Spaß gemacht, zu beobachten, wie so eine kleine Fischblase eine Gruppe von Hausfrauen in Aufruhr versetzt.

Karpfenschuppen

FRÜHLING

Es sind nicht die herrlichen Farben,
die lustigen Töne und die warme Luft,
die uns im Frühling begeistern.
Es ist der stille weissagende Geist unendlicher Hoffnungen,
ein Vorgefühl vieler froher Tage, …

(Novalis)

HOPFEN – GERSTE – WASSER

Hopfen, Gerste, Wasser – Grundprodukte für das Brauen von Bier. Im vorigen Jahrhundert wurde in nahezu jedem Ort Bier gebraut. So ist es nicht verwunderlich, dass Hopfen- und Gersteanbau den Landstrich stark prägten. Heute ist die Anzahl der Brauereien im Mühlviertel auf sechs geschrumpft. Diese kleinen, aber eigenständigen Brauereien produzieren einige Bierspezialitäten, die nur hier zu finden sind:

Brauerei Hofstetten: Kübelbier / **Brauerei Neufelden:** Märzenbier / **Stiftsbrauerei Aigen Schlägl**: Roggenbier / **Braucommune Freistadt**: Pils / **1. Wirtshausbrauerei Kefermarkt**: Dunkles und naturtrübes Bier / **Burgbrauerei Clam**: Schlossbräu

Wasser: Maßgebend für gute Bierqualität ist das Wasser. Im Mühlviertel entspringt sehr weiches Wasser aus dem Urgestein Granit. Die Vorteile des weichen Wassers liegen in erster Linie darin, dass es mehr Laugekraft als hartes Wasser hat. Dies ist beim Brauvorgang besonders wichtig.

Gerste: Gedeiht im eher rauhen Klima des Mühlviertels hervorragend. Biologischer Anbau garantiert beste Qualität. Nach dem Ernten werden die Körner in den Brauereien verarbeitet – es entsteht Malz. Nach dem Brauvorgang werden die Malztrebern herausgefiltert. In der Klammühle Schiefer bei Kefermarkt entsteht daraus eine Spezialität – das Biertrebernbrot. Nach dem Trocknen der Trebern werden diese zu einem herzhaften, würzigen Brot verarbeitet.

Hopfen: Die Kletterpflanze Hopfen gedeiht im Hochland des Mühlviertels besonders gut und bringt qualitativ hochwertigen Hopfen zur Reife. Die Dolden werden geerntet, getrocknet und gepresst und so an die Brauereien geliefert. Wilder Hopfen wächst vor allem in den Donauauen. Mühsam gesammelt bringen die grünen Schößlinge Abwechslung auf unseren Speiseplan. Hopfensprossen oder Hopfenspargel des kultivierten Hopfens sind nur sehr schwer zu bekommen und daher dementsprechend teuer, jedoch sehr schmackhaft.

MÄRZ

Die noch blasse Frühjahrssonne übernimmt schüchtern die Herrschaft über die Kälte. Die begonnene Schneeschmelze erreicht ihren Höhepunkt. Überall gluckst und plätschert es, als wolle die Natur uns von ihren Winterträumen erzählen. Die ersten milden Tage im Freien genießen wir voll Hingabe. Furchen werden durch die schweren Felder gezogen.
Fett und dunkelbraun liegen sie da, um die Saat in Empfang zu nehmen. Noch ist ein schmutziges Braungelb die bestimmende Farbe der Landschaft. Die Erneuerung vollzieht sich unaufhaltsam. Überall kommt frech das erste zarte Grün zum Vorschein. Ein Wettlauf beginnt. Die Ereignisse in der Natur überstürzen sich und heimlich über Nacht hat sie ihren Frühlingspullover übergestreift. Schneeglöckchen lassen uns die kalten Wintermonate vergessen. Im verführerischen Licht der dampfenden Waldlichtungen vernehmen wir Knoblauchgeruch, Duft der ersten zarten Bärlauchblätter. Aber auch viele andere Kräuter finden den Weg an die warme Erdoberfläche. Entlang des lebendigen Baches wächst die scharfe Kresse und unweit davon die würzig grasigen Brennnesseln. Alles ist im Aufbruch und erneuert sich. Die Vögel kehren zwitschernd zurück und summende Bienen begeben sich auf Nektarsuche. Wir stecken mitten im schönsten Wechselbad der Gefühle. Immer wieder überrascht uns die Natur aufs Neue und es fällt uns nicht schwer zu glauben, dass Gott sie im März erschaffen hatte.

TRADITIONELLES

BROTSUPPE

Suppe: *hartes Schwarzbrot / Zwiebel / Bauchspeck / Sauerrahm / Petersilie / Salz / Kümmel / Wasser*

Hartes Schwarzbrot in Stücke brechen / Zwiebel blättrig schneiden / Speck würfeln / Wasser mit Salz und Kümmel zum Sieden bringen / Zwiebel mit Speck in Schmalz goldbraun rösten / Brot zugeben / mitrösten / mit Salz-Kümmelwasser aufgießen / durchkochen lassen / Sauerrahm und Petersilie zugeben / mit einem Schneebesen das Brot zerschlagen.

G'SPEIGELTE ERDÄPFEL

Erdäpfel: *Erdäpfel / Zwiebel / Schmalz / Schnittlauch*

Erdäpfel mit der Schale kochen / schälen / in Speigerl schneiden / in eine Schüssel geben / reichlich Schmalz erhitzen / Zwiebel darin anbräunen / Fett und Zwiebel über die Kartoffeln gießen / mit Schnittlauch bestreuen.

SCHWEINERNES IM REXGLAS, MEHLSTERZ

Schweinernes: *fettes Fleisch, (Bauch oder Scheiben vom Haxl) eingesurt / Wasser / Kümmel / Knoblauch / Zwiebel*

Fleisch mit den Gewürzen und wenig Wasser aufstellen / kochen lassen, so dass es gerade durch ist / mit der Flüssigkeit in Rexgläser füllen und rexen / bei Bedarf herausnehmen und braten.

Sterz: *Mehl / Wasser / Salz / Kümmel / Butterschmalz*

Soviel Wasser zum Mehl geben, dass es leicht krümelt / würzen / in heißem Butterschmalz goldbraun rösten.

DÜNNER SCHEDL

Schedl: *Milch / Reis / Zucker / Äpfel*

Milch aufkochen / Reis einkochen bis er »Kern« hat / die Milch muss den Reis noch bedecken / in eine gebutterte Rein schütten / geschälte Äpfel darüberhacheln / mit Zucker bestreuen / im Rohr ausbacken.

»Schedl war meist eine Art dünner Auflauf, der in der Rein gebacken wurde.«

Zwiebelmaultaschen

BAUERNSPARGEL MIT OAFISCH UND BRENNNESSELN (4 Personen)

Bauernspargel: *6 große Stangen Bauernspargel (Schwarzwurzeln) / 2 El. Olivenöl / 1 El. Butter / 1 Msp. Zucker / 1 Kl. Salz / etwas Muskat / 2 El. Wasser*

Bauernspargel unter fließendem Wasser schälen / mit sämtlichen Zutaten in Alufolie einpacken / es soll noch etwas Luft bleiben und auch keine Luft entweichen können / 30 Minuten bei 180 Grad im Rohr garen / Folie öffnen / 1 Kl. Zierfandler TBA-Essig zufügen.

Oafisch: *4 Eier / 1/2 Liter Wasser / 1 Lorbeerblatt / 10 Pfefferkörner / 1/2 El. Salz / 1/16 l Essig*

Sud aufkochen lassen / Eier in Schüsseln aufschlagen / in leicht siedendes Wasser einkochen / das Eiweiß mit einem Löffel um den Dotter schlagen / ca. 4 Minuten ziehen lassen

Brennnessel: *4 handvoll kleine Brennnesselblätter / 1 Kl. Distelöl / 1 Kl. Sauvignon blanc / etwas Salz / Muskat*

Brennnessel vom Stiel entfernen / in einem kleinen Topf Wein aufkochen lassen / reduzieren / Öl und Gewürze zufügen / in diesem Gemisch die Brennnesselblätter schwenken / diese sollen nur leicht zusammenfallen.

Anrichten / Bauernspargel aus der Folie nehmen / mit der entstandenen Flüssigkeit nappieren / Oafisch daraufsetzen / Brennnesseln daneben platzieren.

Das Gericht / ockerfarben, weiß und ein zartes Graugrün der Brennnessel sind bestimmende Farben. Wird das Ei angestochen, quillt üppig das Dottergelb des Eies über den zart süßlichen, mit einem Hauch von Säure ausgestatten Bauernspargel. Die Brennnessel ergänzen das Gericht durch grüne, zart saftig, würzige Frische.

»Oafisch – schwimmendes Ei (Eierfisch) war die Lieblingsspeise von Anton Bruckner, hier in meiner Vorspeise einmal in anderer schmackhafter Kombination.«

BROTSUPPE MIT SAUERTEIG (4 Personen)

Suppe: *3/4 l Hühnersuppe / 1 Becher Sauerrahm / 1 El. Schnittlauch / 1 kinderfaustgroße Zwiebel / 1 El. Butterschmalz / 1 gehäufter El. Sauerteig / etwa 6 Scheiben fast hartes würziges Schwarzbrot / 1 Msp. Kümmel / Salz / Muskat / Pfeffer*

Zwiebel blättrig schneiden / in Schmalz goldbraun anrösten / Schwarzbrot in Stücke schneiden / mitrösten / mit Hühnersuppe aufgießen / Sauerteig und Gewürze zugeben / kochen bis das Brot aufgelaufen ist / mit einem Schneebesen das Brot zerschlagen / Sauerrahm und Schnittlauch beimengen / nochmals mit einem Schneebesen gut verschlagen.

Anrichten / Suppe in einen Teller gießen / nach Belieben mit blühendem Schnittlauch garnieren.

Die Suppe / hellbraun mit schnittlauchgrün, leicht sämig. Voller, würziger Geschmack, feinsäuerlich und brotig.

»Brotreste lassen sich auf diese Weise schmackhaft verarbeiten.«

Schwarzwurzelschalen

BUCHWEIZENKO MIT ZIEGENKÄSE (4 Personen)

Ko: *8 gehäufte El. Buchweizen / 1 El. Leinöl / 1 El. Nussöl / 1 nussgroßes Stück Butter / 1/2 l Hühnerfond entfettet / 1 handvoll Sauerklee / Salz / Muskat / 1 Knoblauchzehe / 1 kinderhandgroßer Laib Ziegenfrischkäse (etwa 250 g)*

Buchweizen mit kaltem Wasser abschwemmen/einen Topf erhitzen/Buchweizen darin ohne Fett rösten/bei gleichmäßig hellbrauner Farbe Butter zugeben/Knoblauchzehe andrücken/zugeben/mit warmem Hühnerfond aufgießen/ständig rühren/nur so viel Flüssigkeit zugeben, wie der Buchweizen unmittelbar aufnehmen kann/im letzten Drittel der Garzeit Öl beifügen/bevor der Buchweizen ganz weich wird den Ziegenkäse zufügen/einmontieren/würzen/mit Sauerklee garnieren. Anrichten/am besten in einer Holzschüssel zum Selberschöpfen.

Das Gericht / optisch schlicht, hellgrau, keck das Saftig-Grün des Sauerklees. Das Ko wirkt breiig, ist jedoch zart körnig. Feiner nussiger Geschmack mit deutlichem Getreideton, zarte Röstaromen mit mildem Käsegeschmack und Milchsäure. Erfrischend säuerlich der Geschmack des Klees, der dem Gericht Finesse gibt.

»Ursprünglich war das Buchweizenko aus Buchweizenmehl, daher wesentlich üppiger. Hier die leichte moderne Variante.«

REINANKENSCHWANZL MIT GÄNSEBLÜMCHENKAPERN
(4 Personen)

Fisch: *4 Stück Reinanken mittlerer Größe / Salz / Öl / Mehl / gerösteter Koriander*

Reinanken schuppen / Schwanzflosse nach der Rückenflosse abtrennen / restlichen Fisch filetieren und für ein Hauptspeisengericht mitbraten / Schwanzl bis zur Hauptgräte in 3 mm Abständen einschneiden / salzen / etwas geriebenen Koriander / mehlieren, so dass das Mehl in die Einschnitte dringt / in heißem Öl resch braten / herausnehmen / abtropfen lassen.

Gänseblümchenkapern: *2 El. Gänseblümchenknospen / Wasser / Salz / Kräuteressig*

Knospen 24 Stunden in eine sehr kräftige Salzlösung legen / kurz abspülen / mit Kräuteressig übergießen / gut verschlossen 4 Wochen stehen lasssen.

Eintunkte Erdäpfel: *8 kleine Kartoffeln / 2 El. Sauerrahm / 1 El. Leinöl / 1 Msp. Leinsamenschrot / Salz*

Junge Kartoffeln mit der Schale kochen / Leinöl erhitzen / mit Sauerrahm und Salz verrühren / Kartoffeln in dieses Gemisch tunken.

Anrichten / auf ovalem Teller den Fisch in die Mitte setzen / Gänseblümchenkapern darüberstreuen / Kartoffeln neben den Fisch setzen / Leinsamenschrot darüberstreuen / mit Gänseblümchen garnieren.

Das Gericht / feine zarte Farben vom Blassgelb-Weiß der Gänseblümchen über Sattgelb des Leinöls bis hin zu Hellbraun der Kartoffeln und Röstbraun der Fischhaut. Fein auch der Geschmack. Würzig mild-säuerlich die Kapern, die dem Fisch trotz kräftiger Brataromatik Eleganz verleihen. Leinöl und Kartoffeln runden den Geschmack ab.

»Wird der Fisch zum Braten eingeschnitten, dringen die Aromastoffe ins Fleisch ein. Der Fisch wird schmackhafter und rescher.«

SCHWEINSRADELN MIT KRESSELINSEN

Schweinsstelze mit Knochen in Scheiben schneiden und einsuren lassen / Zwiebel in Fett anschwitzen / zerdrückte Knoblauchzehe, Kümmel, etwas Majoran zugeben / Schweinsradeln dazugeben / knapp mit Wasser bedecken / köcheln lassen / etwas Essig zugeben und in Rexgläser füllen / verschließen / im Rohr bei 100 Grad ca. 1 Stunde weitergaren / für mindestens zwei Wochen kalt stellen / Fleisch herausnehmen und im Rohr weich braten / dabei immer wieder vom Inhalt des Rexglases beigeben / es soll ein goldbrauner Saft entstehen.

Kresselinsen / Linsen über Nacht einweichen / mit Salz und Lorbeerblatt aufstellen und weich kochen / Schalotten fein würfeln / in Butter glasig werden lassen / kleine Karotten und Selleriewürfel zugeben / Linsen beimengen / mit etwas Linsensud aufgießen / mit roher geriebener Kartoffel binden / reichlich mit scharfer Kresse bestreuen.

Anrichten / die Linsen in die Mitte des Tellers setzen / reichlich Bachkresse rundumstreuen / Schweinsradl auf die Linsen setzen und mit dem Bratensaft nappieren.

Das Gericht / farblich unspektakulär, braun-grau mit frischem Grün der Bachkresse. Kräftig würzig, weich und mürbe am Gaumen. Mollig voll mit einem Hauch von Üppigkeit die Linsen, die mit der saftigen Schärfe der Kresse zu neuer Pikanz gelangen.

»Eine Art Osso bucco auf mühlviertlerisch.«

ERDÄPFEL-GERMSCHEDL MIT SAUERRAHM UND LÖWENZAHN-SIRUP (8 Personen)

Schedl: *4 mittlere mehlige Kartoffeln / 7 gehäufte El. Vollkornmehl / 1 Ei / schwach / 1 Packerl Germ / 1 Mkl. Korianderschrot / 1 El. flüssige Butter / 1 El. Zucker / Butterschmalz*

Kartoffeln kochen / schälen / passieren / mit allen Zutaten außer Butterschmalz vermischen / zu einem glatten Teig abschlagen / warm gehen lassen / zusammenschlagen / in einer großen runden Pfanne Butterschmalz erhitzen / Teig hinein drücken / einen dicken Rand formen / bei 180 Grad 10 Minuten anbacken / herausnehmen / Fülle auftragen.

Fülle: *1 1/2 Becher Sauerrahm / Schale von einer Zitrone / 3 El. Löwenzahnsirup*

Alle Zutaten vermischen / auf den vorgebackenen Germschedl verteilen.

Sirup: *25 Löwenzahnblütenköpfe / 1/4 l Wasser / 15 gehäufte El. Kristallzucker*

Alle Zutaten gemeinsam zu einem Sirup (um die Hälfte) einkochen / abseihen / kalt stellen.

Fertigung / Schedl mit Sauerrahm bei 150 Grad backen / der Sauerrahm darf nicht mehr flüssig sein / Rand muss goldbraun sein.

Anrichten / Schedl abkühlen lassen / mit Zimtzucker bestreuen / servieren.

Das Gericht / der Rand resch und goldbraun, die Fülle ockerfarben, süßlich feinsäuerlich mit einem Hauch von Löwenzahnbitternis.

»Längst vergessene Süßspeise, die durch ihre Schlichtheit verblüfft.«

APRIL

Eine verrückte, schnelllebige Zeit beginnt. Die Ereignisse überschlagen sich, eine Blume dort, ein Kraut da, ein Regenguss hier. Dazwischen beharrlicher Sonnenschein, der die in zarten grünen Pastelltönen überzogene Natur in ein transparentes Licht taucht. Die bestellten Äcker saugen die Wärme in sich auf und beginnen zu dampfen. Es riecht wunderbar nach frischer feuchter Erde. Die Blumen, die nun farbige Abwechslung in unser Blickfenster bringen, duften verführerisch.
Die Natur bricht auf, es gibt kein Zögern mehr, alles sprießt und keimt. Die Braunfärbungen verschwinden. Die Bäume beginnen zu knospen und bald werden sie dem stolzen Grün der Nadelbäume Konkurrenz machen. Eine Besonderheit in dieser Zeit sind die Morcheln. Braun und gut getarnt schieben sie ihre schwammförmige Kappe aus dem modrig feuchten Unterholz. Die Sonne wird stärker, aggressiver ihr Licht. Ihre Wärme dringt in die entlegensten Winkel des Waldes ein und frisst die letzten schmutzigen Schneereste auf. Der Winter ist endgültig besiegt. Die Natur präsentiert sich satt, fett und dennoch graziös.

TRADITIONELLES

»Ein Auszug aus einer Menüfolge wie sie zu Ostern auf Bauernhöfen gereicht wurde.«

HENDLSUPPE MIT REIBGERSTL

Suppe: *Suppenhenn' / Zwiebel / Knoblauch / Lauch / Karotten / Petersilienwurzel / Sellerie / Pfefferkörner / Salz / Muskatnuss / Lorbeerblatt / Kümmel / Petersilienstengel / Lustkraut*

Alle Zutaten mit kaltem Wasser aufsetzen / aufwallen lassen / einige Stunden leise köcheln lassen / abseihen / abschmecken.

Reibgerstl: Strudelteigreste

Strudelteigreste zusammenkneten / antrocknen lassen / mit grobem Reibeisen reiben / vollständig trocknen lassen.

Reibgerstl in einem Topf ohne Fett goldbraun rösten / mit Hühnersuppe aufgießen / weichkochen / mit viel Petersilie bestreuen.

»Strudelteigreste entstanden meist beim ›abrandeln‹ des Strudels.«

SUPPENHENN' MIT GEMÜSE

Suppenhenn': Suppenhenn', mit der die Hühnersuppe gekocht wurde

Knochen vom Fleisch lösen / mit der Gabel zerfasern

Gemüse: Gemüse, mit dem die Hühnersuppe gekocht wurde.

Gemüse in Stücke schneiden

Gemüse und Fleisch in ein Suppenteller geben und mit siedender Suppe schwach bedecken / mit geriebenem Kren und gehackter Petersilie vollenden.

SCHÖPSERNES MIT ERDÄPFELSCHEDL

Schöpsernes: *Schaffleisch / Knoblauch / Zwiebel / Thymian / Wurzelwerk / Pfefferkörner / Lorbeerblatt*

Schaffleisch würfeln / in Öl scharf anbraten / Wurzelwerk und Gewürze zugeben / etwas Wasser angießen / zugedeckt im Ofen weich schmoren / Saftl etwas stauben.

Erdäpfelschedl: *mehlige Kartoffeln / Salz / Muskatnuss / Rahm / Ei / Schmalz*

Erdäpfel schälen / grob reiben / leicht ausdrücken / würzen / in eine Rein mit Schmalz drücken / Ei und Rahm versprudeln / darübergießen / goldbraun backen.

BAUERNKRAPFEN

Krapfen: *Mehl / Germ / Salz / Zitronenschale / Dotter / Butter / Milch / Rum / Zucker*

Aus den Zutaten einen Germteig bereiten / gehen lassen / löffelgroße Stücke ausstechen / runde Kugeln schleifen / gehen lassen / etwas ausziehen, so dass ein dicker Rand entsteht / in mäßig heißem Fett ausbacken.

Kletzensauce: *Kletzen / Wasser / Rum / Zucker*

Kletzen grob faschieren / mit Wasser, Zucker, Rum dickbreiig einkochen lassen.

»Drei mal pro Jahr gab es Krapfen: zu Ostern, zur Sonnenwende und zum Dreschen.«

INTERPRETATIONEN

FORELLE IM ZWIEBELSUD MIT RÖHRLN (4 Personen)

Forelle: *2 Stk. mittelgroße fangfrische Forellen / 2 Stk. große Zwiebel / 1/4 l kräftiger Fischfond / 1/4 l Hühnersuppe / 1 Mkl. Korianderschrot / 4 frische Lorbeerblätter / 1 El. Salz / 1 El Zucker / 1 Msp. Kümmel / 1 Msp. Fenchelsamen / Distelöl / Schale und Saft einer Zitrone / 2 El. Mostessig*

Forellen filetieren / Gräten zupfen / Haut entfernen / aus den Karkassen einen Fischfond kochen / Zwiebel in feine Ringe schneiden / in Distelöl anschwitzen / mit dem Fond aufgießen / Gewürze bis auf Zitrone zufügen / auf 1/2 l reduzieren / Zitronensaft und Schale zufügen / 4 El. Distelöl beimengen / Sud abkühlen lassen / Fischfilets in den Sud einlegen / zwei Tage darin marinieren lassen.

Salat: *gut zwei handvoll Röhrln / 12 Stk. Radieschen / 2 Eier / Salz / Pfeffer*

2/3 der Röhrln wie Schnittlauch schneiden / Eier 6 Minuten kochen / Radieschen putzen / mittelfein reiben / salzen / entstandenen Saft wegdrücken / Eier schälen / Eiweiß sehr fein hacken / Dotter, Eiweiß, Röhrln mit den Radieschen vermischen / würzen / restliche Röhrln als Garnitur bereithalten.

Anrichten / Radieschensalat in einen Suppenteller geben / Fischfilet aus dem Sud heben / Zwiebel obenauf setzen / mit Röhrln garnieren.

Das Gericht / rötlich gelb, grün und blassweiß präsentieren sich die Farben eher matt. Geschmacklich eine Mischung aus verschiedenen Schärfen und Säuren, in der sich die eher neutrale Forelle einbettet.

»Röhrlsalat war der erste frische Salat nach der Winterpause.«

KITZEINMACHSUPPE MIT SCHLÜSSELBLUMEN UND VEILCHEN (8 Personen)

Suppe: *Knochen und Parüren von einem Schlögl, Schulter und Hals (von einem 4 kg Kitz) / 1 El. Salz / 1 Mkl. Pfefferkörner / 2 Lorbeerblätter / 1 Msp. Kümmel / 1 kleiner Zweig Rosmarin und Thymian / 1 Stk. Zwiebel / 1/2 Häuptel Knoblauch / 4 Petersilienstengel / 2 Blatt Lustkraut / 1 kinderfaustgroße Sellerie / 1 Stück Karotte, gelbe Rübe, Petersilienwurzel / 4 Fäden Safran*

Alle Zutaten mit kaltem Wasser ansetzen / langsam aufkochen lassen / kaltes Wasser nachgießen / den Vorgang 3 mal wiederholen / danach leise für 5 Stunden köcheln lassen / abseihen / Gemüse in kleine Würfel schneiden / Fleisch von den Knochen ablösen / 1/16 Butter bräunen / 3 El. Mehl einrühren mit Kitzsuppe aufgießen / aufkochen lassen / 10 Minuten kochen lassen / Gemüse und Fleisch zugeben / mit Sauerrahm vollenden.

Anrichten / in Suppenteller schöpfen und mit Veilchen und Schlüsselblumenblüten bestreuen.

Die Suppe / ockerfarben mit einem leichten Gelbstich, frühlingshaft duftig die Blüten. Kräftig aromatisch. Der Hauch einer vegitatiblen Parfumnote unterstreicht den feinen Geschmack des Kitzes, der zwischen Huhn, Lamm und Kalbfleisch anzusiedeln ist.

»Einmachsuppen waren meist Suppen die zu Feiertagen und bei Krankheiten gereicht wurden, da diese vollmundig sättigend und kräftig waren.« Hier die leichtere Version mit Blüten.

Wiesenkräuter

INTERPRETATIONEN

BÄRLAUCHNUDELN (4 Personen)

Nudeln: *2 l Wasser / 15 El. Vollkornmehl / 1 gestrichener El. Salz / Butterschmalz*

Wasser mit Salz aufkochen / beiseite stellen / Mehl ohne umzurühren einsieben / mit einem Kochlöffel Löcher stechen, damit das Wasser durchkochen kann / bei kleiner Hitze 30 Minuten kochen / restliches Wasser ableeren / Mehl auf eine Arbeitsfläche geben / glatt durchkneten / eine Rolle formen / kleine Nudeln abstechen / nochmals formen / Butterschmalz in einer Pfanne erhitzen / Nudeln darin goldbraun »rameln«.

Bärlauch: *1/8 Butter / 1 handvoll Bärlauch / 1 El. gehackte Petersilie / 4 El. Sauerrahm / 1 El. Leinöl / Salz / Muskat*

Butter zerschleichen lassen / Bärlauch fein schneiden / gemeinsam mit den restlichen Zutaten fein mixen / würzen / in kleine Gläser füllen und kalt stellen.

Anrichten / Nudeln abtropfen lassen / in die Mitte eines Tellers setzen / Bärlauchpaste leicht wärmen / über die Nudeln nappieren / mit Bärlauchblättern und Blüten garnieren.

Das Gericht / goldbraun und sattgrün mit einem verführerischen Duft nach warmer Butter und feinem grünem Knoblauch. Geschmacklich vollmundig mit junger Schärfe, wirkt schwerer als es ist.

»Bärlauch, der Geschmackshit des Frühlings.«

LAMMLEBER MIT EINGEMACHTER PETERSILIE UND SAUERAMPFER
(4 Personen)

Lammleber: *1 Stück Lammleber / 1 Mkl. Pfefferkörner geschrotet / 2 El. Distelöl / 1 Knoblauchzehe / 3 Lorbeerblätter*

Knoblauchzehe zerdrücken / Lorbeerblatt in feine Streifen schneiden / Distelöl wärmen / Öl mit Knoblauch und Lorbeer aromatisieren / Leber mit Pfefferschrot einreiben / rundherum rasch anbraten / Rohr auf 80 Grad vorheizen / ein Fleischteller mit Klarsichtfolie bespannen / Leber daraufsetzen / mit aromatisiertem Distelöl bepinseln / mit einer Folie abschließen / 20 Minuten garen / herausnehmen / in heißer Butter nochmals wenden / dünn aufschneiden.

Petersilie & Sauerampfer: *4 El. Petersilie fein julienne schneiden / 2 El. Sauerampfer fein julienne schneiden / 1/8 l Hühnerfond / 1/8 l Paradeiserfond / 1 nussgroßes Stück Butter / 1 El. Mehl / 4 El. Obers / Salz / Muskat / 1 handvoll Petersilie frittiert und fein gehackt / 1 Kl. Nussöl*

Butter leicht bräunen / Mehl einrühren / mit dem Fonds aufgießen / um die Hälfte reduzieren / Obers zugeben / weiterkochen / Petersilie und Sauerampfer beimengen / würzen / mit Nussöl vollenden.

Anrichten / Petersilie und Sauerampfer in die Mitte des Tellers setzen / Leber dünn aufschneiden und darauf platzieren / mit Sauerampfer garnieren.

Das Gericht / aromatisch, würzig, fein säuerlich. Mit einem Hauch von Nussaromen umschließt das Gemüse die zartmürbe, rostbraune Leber mit feinem Knoblauch und Lorbeergeschmack.

»Wird die Leber im Ganzen und bei niedriger Temperatur gegart, präsentiert sie sich butterweich und behält wunderbar ihr Aroma.«

OSTERLAMM MIT BÄRLAUCH-WURZEN UND LANGEN ERDÄPFELNUDELN

Lammschulter links und rechts des Schaufelknochens einschneiden / Karee so zuparieren, dass die Knochen frei stehen / Karotten / Zwiebel / Sellerie / Knoblauch in Würfel schneiden / Pfefferkörner, Lorbeer, Thymian, Rosmarin etwas Kümmel, Zitronenschale in einem Mörser zerstoßen und sofort in das Dörrparadeiseröl geben / Fleisch leicht salzen / mit dem Gewürzöl einreiben / Gemüse zugeben / mit etwas Rotwein benetzen / Fleisch und Wurzeln mit einer Folie abdecken und 24 Stunden marinieren / in einem Bräter etwas Öl erhitzen / Fleisch anbraten / herausnehmen / Gemüse anbraten und Fleisch zugeben (ohne Karree) / langsam bei 140 Grad weichschmoren / zum Schluss das Karree anbraten und je nach Dicke ca. 25 Minuten mitbraten / rasten lassen / das Fleisch vom Knochen ablösen und aufschneiden / vom Karree Kotelettes abschneiden / Sauce mit etwas rohen Kartoffeln leicht binden / abseihen / das Schulterfleisch damit nappieren.

Bärlauch (nur dort wo viel wächst) ausgraben und die Wurzeln säubern / in Butter kurz schwenken / würzen mit Salz, Pfeffer, Muskat.

Lange Erdäpfelnudeln / aus mehligen gekochten Kartoffeln einen Teig zubereiten / »reinlange« Nudeln formen / in Schmalz rameln / mit etwas Rahm im Rohr fertigbacken.

Anrichten / Schulterfleisch und Karree auf einem ovalen Teller anrichten / Bärlauchwurzen dazuarrangieren / Nudeln extra servieren zum selbst Herausstechen.

Das Gericht / Gewürze und Gemüse unterstreichen den zarten Lammgeschmack. Trotz Bratencharakter geht das zartrosa gebratene Karree nicht unter. Die weiß-grünen Bärlauchwurzeln spielen ihr zart saftiges Knoblaucharoma unscheinbar voll aus und geben gemeinsam mit den langen Nudeln dem Gericht einen unverwechselbaren Mühlviertler Charakter.

»Schmort man das Fleisch langsam mit vielen Gewürzen, benötigt man weniger Salz.«

RHABARBERKRAPFEN MIT KAROTTEN-HUFLATTICHSAUCE UND SAUERKLEEEIS (4 Personen)

Rhabarberkrapfen: *Teig: 15 gehäufte El. Mehl / 1 nussgroßes Stück Butter / 0,1 l Eiswasser*

Alle Zutaten gemeinsam vermengen / zu einem glatten Teig abarbeiten / rasten lassen.

Fülle: *2 Stangen Rhabarber / 3 Kl. Zucker / 4 El. süße Brösel / 1 El. Butter / 1 Kl. gehackte Minzblätter / 1 El. geriebene Mandeln / 1 Kl. Amaretto*

Rhabarber schälen / in kleine Scheiben schneiden / zuckern / stehen lassen / den Saft wegdrücken / mit den restlichen Zutaten vermischen.

Teig dünn ausrollen / Ringe mit 10 cm Durchmesser ausstechen / Ränder mit Ei bestreichen / Fülle daraufsetzen / zusammenklappen / in heißem Fett ausbacken / abtropfen und in Kristallzucker wälzen.

Karotten-Huflattichsauce: *3 kleine Karotten / 3 El. Honig / 3 El. Huflattichblüten / 1/2 Vanilleschote / 1/8 l Obers*

Karotten schälen / in feine Scheiben schneiden / Honig leicht karamelisieren / Karotten, Huflattichblüten und Vanilleschote zugeben / knapp mit Wasser bedecken / weich kochen / Obers zufügen / mixen / passieren.

Sauerkleeeis: *4 El. Sauerklee / 3 El. Vanilleeis / 1 gehäufter El. Creme fraiche*

Sauerklee fein schneiden / mit Creme fraiche mixen / mit dem Vanilleeis mischen.

Anrichten / Krapfen auf den Teller platzieren / Sauce punktförmig im Halbkreis rundumsetzen / eine Kugel Eis zu den Krapfen geben / mit Klee und Huflattichblüten ausgarnieren.

Das Gericht / in dieser Form die heimische Exotik pur. Die drei Produkte sprechen jedes für sich. Gemeinsam eine Fülle von harmonischen Geschmäckern. Diese reichen von säuerlich, frisch, mollig, karamellig, duftig, blumig bis nussig erfrischend. Optisch widerspiegelt es die ersten Frühlingsfarben – sattes Grün und Dottergelb.

»Unbedingt probieren – so exotisch schmeckt die Heimat!«

Rhabarberkrapfen

MAI

Die kalte Zeit ist nun endgültig vorbei. Die Wiesen tragen ein kräftiges Grün. Selig liegen sie in der wohligen Sonne und lachen voll bunter Blumen. Das Gras schießt heraus, die Obstbäume blühen. Ein süßlicher, lieblicher Duft durchzieht die Luft. Flieder, Akazien und andere Blumen und Blüten verführen unsere Nasen. Der Mairegen verwandelt die Natur in ein Treibhaus. Es riecht duftig feucht, dampfig, frisch, aufquellend warm. Im vor Kraft strotzenden Maiwald verführt süßlich aromatisch der Waldmeister. Büschelweise duckt er sich an die warmen Flanken des Waldes. Alles wirkt spielerisch leicht, verführerisch und zur Vollkommenheit strebend. Das erste Gras wird gemäht. Die Kräuter duften in der warmen Maisonne. Das sich der Reife hingebende Getreide wiegt sanft und weich im Wind. Süßlich grüne Malztöne umfliegen unsere Nasen. Das Licht ist kräftig, hell und strahlend. Das Leben ist endgültig erwacht.

RINDSUPPE MIT ABGETRIEBENEM LEBERKNÖDEL

Rindsuppe *siehe Seite 117*

Leberknödel: *Schweins- oder Rindsleber / Pfefferkörner / Majoran / Salz / Lorbeerblatt / Muskat / Butter / Eier / Brösel*

Leber mit Pfefferkörnern und Lorbeer kochen / im Sud erkalten lassen / herausnehmen / mit einem Reibeisen reiben / Butter hellweiß aufschlagen / Eier nach und nach zugeben / Gewürze, geriebene Leber beimengen / mit Brösel festigen / Knödel formen / in Rindsuppe einkochen.

LANGE NUDELN MIT OA

Nudeln: *mehlige Kartoffeln / Grieß / griffiges Mehl / Salz / Muskat / Eier / Rahm / Butterschmalz*

Kartoffeln kochen / schälen / pressen / einen Erdäpfelteig bereiten / lange, fingerdicke Nudeln formen / in einer Rein Schmalz erhitzen / Nudeln nebeneinander hineinsetzen / bräunen / mit Ei und Rahm übergießen / im Rohr fertigbacken / nach Belieben mit Schnittlauch bestreuen.

HAMFLEISCH MIT GRIESSKNÖDEL

Fleisch: *Hamfleisch (gesalzenes, leicht geräuchertes Schweinsschlöglfleisch mit Knochen) / Pfefferkörner / Lorbeerblatt*

Fleisch mit Gewürzen aufstellen / leise weich köcheln lassen.

Grießknödel: *Grieß / Butter / Fleischsuppe / Salz*

Grieß salzen / in Butter rösten / mit heißer Fleischsuppe abbrennen / breiig dünsten / lauwarm Knödel formen / in Fleischsuppe einkochen / kalt abschrecken / zugedeckt simmern lassen.

»Ham (Schinkenfleisch) war das letzte Frischfleisch einer Schlachtung. Durch einsalzen und räuchern war es relativ lange haltbar.«

SEMMELSCHMARRN

Schmarrn: *Altbackene Semmeln / Milch / Eier / Zucker / Schmalz*

Semmeln in Scheiben schneiden / Milch mit Ei versprudeln / über die Semmelschnitten gießen / die Semmeln müssen die Flüssigkeit vollständig aufgesaugt haben / in einer Pfanne Schmalz erhitzen / Semmelmasse darin beidseitig goldbraun backen / zerreißen / zuckern.

»Dazu aß man Kompott aus Früchten der Saison.«

KANINCHENTÖPFCHEN MIT UNKRAUT UND RHABARBER

(4 Personen)

Kaninchentöpfchen: *4 Stk. Kaninchenschultern / 1 Karotte / 1/4 Sellerie / 1/2 Zitronenschale / 1 Msp. Kümmel / 2 Stk. Lorbeerblätter / 1 Stk. Zwiebel / 2 Knoblauchzehen / 1 Msp. Koriander / 1 Msp. Pfefferkörner / 1 Msp. Senfkörner / 1 kleiner Rosmarinzweig / etwas Thymian / 2 El. Weißwein / 2 El. weißer Portwein / 1 El. Noilly Prat / 1 Kl. Salz / 1 kleiner Zweig Lustkraut / 1 Zweig Petersilie / 1 Zweig Estragon*

Kaninchenschulter gemeinsam mit allen Zutaten vermischen / das Gemüse klein würfeln / ebenfalls zugeben / alles in einem Topf pressen / mit Klarsichtfolie abschließen / 3 Tage im Kühlschrank ziehen lassen / knapp mit Wasser bedecken / aufkochen lassen / leise köcheln lassen / wenn das Fleisch weich ist, ausstechen / Fond abseihen / Gemüse beiseite stellen / Fond um 1/3 reduzieren / Fleisch vom Knochen lösen / würfeln / gemeinsam mit dem Gemüse in den Fond geben / mischen / in kleine Schalen füllen und für mindestens 12 Stunden kalt stellen.

Unkrautsalat: *je eine halbe Handvoll Schafgarbe, Wiesenkerbel, Sauerampfer, Spitzwegerich, Huflattich, Brennnessel, Taubnessel, Bärlauch, Gänseblümchen, Löwenzahn, Veilchen, Frauenmantel, Bachkresse, Farntriebe, Gundelrebe, Sauerklee, Milzkraut, Schlüsselblumen / 2 Radieschen*

Vinaigrette mit Rhabarber: *1 Stange Lauch (nur das Weiße) / 10 Stk. kleine Radieschen / 1 El. Mostessig / 1 El. Kräuteressig / 1 El. Rhabarbersaft / 1 El. Rhabarber fein gewürfelt / 1/16 l Olivenöl / 1 Mkl. Sesamöl / 1/16 l Rapsöl / 1 Kl. Leinöl / 1 Mkl. Senf süß / 1 Mkl. Ketchup / Salz*

Lauch in feine Würfel schneiden / Radieschen fein würfeln / einen Teil des Rhabarbers mixen und mittels eines Leinentuchs auspressen / die restlichen Zutaten miteinander verrühren.

Anrichten / auf ein kleines Holzbrett das Kaninchentöpfchen setzen / nebenbei auf einem kleinen Teller den Salat mit Hilfe eines Ringes anrichten / (Plastikreifen mit 7 cm Durchmesser auf den Teller setzen, marinierten Salat abwechselnd mit Radieschenscheiben fest hineinsetzen, den Ring auffüllen, danach vorsichtig den Ring abziehen, übrig bleibt der Salatturm.

Das Gericht / das Kaninchentöpfchen ist löffelweich und sehr fein im Geschmack. Trotzdem entwickelt es beim Verzehr genügend Kraft, um der Verschiedenheit der Wildkräuter standzuhalten. Der Salat schmeckt naturbelassen. Die Verschiedenheit reicht von mild würzig über scharf, erdig, saftig und aromatisch. Die Säure der Vinaigrette stammt vom Rhabarber, der dem Ganzen einen Hauch von Fruchtigkeit gibt.

»In diesem Gericht ist der satte saftige Geschmack mit all der Sprießkraft des Frühlings eingefangen.«

INTERPRETATIONEN

HEUSUPPE (4 Personen)

Suppe: *1 l kräftige Rindsuppe / 2 Handvoll frisches Heu mit möglichst vielen Kräutern / Salz / Muskat / 1/4 l Obers*

Rindsuppe aufkochen / Heu hineingeben / Suppe vom Herd nehmen / 2 Stunden ziehen lassen / abseihen / würzen / aufkochen / mit Obers auffüllen / aufschäumen.

Anrichten / die Suppe in Suppentassen schöpfen / frisches Heu um die Tasse arrangieren.

Die Suppe / ockerfarben, schaumig, leicht, duftend nach frischem Heu. Geschmacklich im entferntesten an Heublumentee erinnernd, jedoch mehr Substanz durch die Rindsuppe. Das Obers rundet die Suppe geschmacklich ab.

»Bei dieser Suppe löffelt man den Geschmack des Vorsommers.«

MORCHELEIERSPEIS MIT WILDEM HOPFEN UND TREBERNBROT
(4 Personen)

Eierspeis: *4 Eier / 1/4 Knolle Sellerie / Distelöl / 1 nussgroßes Stück Butter / 1 handvoll frische Morcheln (ersatzweise getrocknete) / Salz / Pfeffer / Muskat*

Sellerie fein würfeln / in Öl anschwitzen / Butter zufügen / gewaschene geviertelte Morcheln zugeben / kurz schwenken / Eier hineinschlagen / würzen / leicht verrühren / bevor das Ei vollständig aushärtet ist, anrichten.

Wilder Hopfen: *1 Handvoll junger Hopfenschößlinge / Butter / Salz / Muskat*

Hopfen waschen / in Butter ansautieren / würzen

Trebernbrot: *Brot aus den Biertrebern (Abfallprodukt beim Brauvorgang des Bieres) zu kaufen in der Klammühle Schiefer, Kefermakt*

Anrichten / die Eierspeise auf einem Teller anrichten / mit wildem Hopfen garnieren / eine Brotscheibe dazulegen.

Das Gericht / der feine erdig-pilzige Geschmack der Morcheln mit dem feinsäuerlichen Sellerie und der Fülligkeit der Eier ergibt mit der saftigen grünen Herbe des Hopfens ein scheinbar einfaches Gericht mit viel Raffinesse.

»Bei Streifzügen durch die Donauauen findet man die Zutaten zu diesem Gericht. Die Morchel ist der erste Pilz nach der Winterpause.«

Wilder Hopfen

WALLER MIT GEMÜSE UND MELISSEN-LUSTKRAUTBUTTER
(4 Personen)

Waller: *4 Stück vier-fingerbreite Filetstücke / Salz / Koriander / etwas Melissenstängel / 1 kleine Knoblauchzehe angedrückt*

Die Haut der Wallerfilets einschneiden / salzen und mehlieren / in Öl hautseitig kross braten / dem Öl die Knoblauchzehe beigeben / Filet mit kleingeschnittenen Zitronenmelissenstängeln bestreuen / vor dem Anrichten den Fisch eventuell kurz umdrehen (hängt von der Dicke des Filets ab).

Gemüse: *1 Karotte / 1 kleines Stück Sellerie / 1 gelbe Rübe / 1 kleine Petersilienwurzel / 1 Stange Stangensellerie / 8 Stk. Erbsenschoten / 2 Stk. Jungzwiebel (nur das Weiße) / 2 kinderfaustgroße speckige Kartoffeln / Salz / Muskat / Maiskeimöl / Distelöl / 1/4 l Paradeiserfond / 1/4 l Fischfond*

Alle Zutaten fein würfeln / Jungzwiebel in Öl anschwitzen / Kartoffeln zugeben / mit den Fonds aufgießen / kochen lassen / bei halber Garzeit das Gemüse zugeben / weich kochen / das Gemüse soll gerade noch mit Flüssigkeit bedeckt sein / Melissen-Lustkrautbutter einmontieren.

Melissen-Lustkrautbutter: *1/16 Butter / 1 Msp. Salz / 1 Kl. gehacktes Lustkraut / 1 El. gehackte Zitronenmelisse / 1 Kl. frittierte gehackte Petersilie*

Butter schaumig schlagen / die Zutaten dazugeben / verrühren / kalt stellen.

Anrichten / auf einem ovalen Teller das Gemüse gleichmäßig verteilen / Waller daraufsetzen / mit Melissenblatt garnieren.

Das Gericht / der resch gebratene Waller mit zarten Röstaromen und einem Hauch Melisse bettet sich wunderbar in ein vollmundiges Gemüsebad, das von pikanter, leicht zitroniger grüner Würzigkeit geprägt ist.

»Melisse und Lustkraut sind zwei gegensätzliche Kräuter, die gekonnt gemischt ein herrliches Aroma geben.«

MAIBOCK MIT WIPFERL, OFEN-KOHLRABI UND ERDÄPFELMUS

Rehnüsschen von Häuten befreien / Fichtenwipferl hacken / Rehnüsschen leicht salzen / rundherum anbraten / in gehackten Wipferln wälzen / in ein Schweinsnetz und fetten geräucherten Speck einschlagen / für ca. 1 Stunde bei 80 Grad ins Rohr legen / danach 5 Minuten bei 160 Grad garen / aus der Folie nehmen / Speck und Wipferl entfernen / entstandenen Saft auffangen / Fleisch in dünne Scheiben schneiden / anrichten / Saft etwas reduzieren / mit kaltem Nussöl montieren.

Kohlrabi schälen / leicht salzen / Muskat / Kümmel / in einem Topf Butter zergehen lassen / Kohlrabi dazugeben / etwas Gemüsefond und Hühnersuppe angießen / Deckel daraufgeben und im Rohr ganz weich schmoren / herausnehmen / Kohlrabiblätter fein julienne schneiden / mit Sauerrahm verrühren / leicht salzen / geschmorten Kohlrabi leicht auseinanderbrechen / Sauerrahmgemisch hineinsetzen.

Erdäpfelmus: etwas Bauchspeck würfeln / auslassen / mit Milch aufgießen / Salz / Muskat / 1 kleines Lustkrautblatt / 1 kleine Knoblauchzehe angedrückt / etwas Kümmel / alles kochen lassen / Kartoffeln schälen / roh fein reiben / in die Milch einrühren / unter ständigem Rühren verkochen lassen / zum Schluss Leinöl einrühren.

Anrichten / Kartoffelmus in eine Schüssel extra geben / Kohlrabi auf den Teller setzen / Fleisch in dünne Scheiben schneiden / dazulegen / mit Saft nappieren.

Das Gericht / geprägt von erdigen, würzig-harzigen Aromen. Das Fleisch ist mürbe und zart, durchdrungen vom herben Aroma der Fichtenwipfel. Die Beilage drückt jeweils die Konzentration des Eigengeschmacks aus. Der Kohlrabi: Gemüse-erdig, leicht süßlich, die Kartoffeln: Stärke-erdig.

»Ein außergewöhnliches Gericht, wobei die Finesse im puren Geschmack liegt. Dies zu kochen und zu genießen erfordert viel kulinarisches Feingefühl.«

WALDMEISTERCREME MIT ZIEGENKÄSESAUCE UND ERDBEERMUS (6 Personen)

Creme: *1/2 l Milch / 15 Zweige Waldmeister / 2 Eigelb / 3 El. Zucker / 1/8 l Obers / 2 1/2 Bl. Gelatine / 2 Rippen weiße Schokolade*

Milch mit 10 Zweigen Waldmeister um zwei Drittel einkochen / ziehen lassen / abseihen / Dotter mit Zucker hellgelb aufschlagen / Waldmeistermilch nach und nach in die Dottermasse einrühren / Schokolade schmelzen / in die Masse einrühren / 5 Zweige Waldmeister fein hacken / Schlagobers schlagen / Waldmeister und Schlagobers unter die Dottermasse heben / in Förmchen füllen und kaltstellen.

Ziegenkäsesauce: *1/4 l Vanillesauce / 1/2 Laib (ca. 125 g) milden Ziegenfrischkäse*

Vanillesauce mit dem Ziegenfrischkäse mixen / passieren.

Erdbeermus: *30 Stk. reife Erdbeeren / 1 Msp. Zimt / Saft einer halben Zitrone / 1 El. Vanillezucker / 2 El. Kritallzucker*

Alle Zutaten gemeinsam mixen.

Anrichten / Creme stürzen / auf dem Erbeermus anrichten / Ziegenkäsesauce dazugeben / mit einem Waldmeisterblatt garnieren.

Das Gericht / der süßlich-grüne, intensive Geschmack des Waldmeisters wirkt auf den Gaumen animierend und befremdend zugleich. Ausgleich schafft das dicke, süßfruchtige Erdbeermus. Gemeinsam mit dem Waldmeister ergibt dies eine Aromaexplosion. Zart und fein säuerlich hält die Ziegenkäsesauce dagegen und lässt das Gericht nicht plump erscheinen.

»Der Waldmeister mit seinem betörenden süßlichen Duft ist eines meiner Lieblingskräuter im Mai. Allein der Geruch macht fast süchtig!«

Waldmeister

ERINNERUNGEN

Maschinkeks zur Maienzeit

Mit Backstuben war ich früh vertraut – wohnte doch meine Großmutter im ersten Stock einer Bäckerei und im Nebenhaus befand sich ebenso eine. Ein herrlicher Duft zog stets durchs Haus und ich rieche ihn noch immer, wenn ich daran denke. All meine Sinne wurden geweckt, wenn ich zusah, wie die Brotlaibe aus dem Ofen geholt wurden.
Ein Backstubenerlebnis allerdings liebe ich besonders: Einmal im Jahr gehörte die Backstube meiner Oma und anderen Hausfrauen. Etwas Besonderes wurde gebacken und ich durfte viele Jahre an diesem köstlichen Tun teilhaben. Eine wirkliche Aufgabe hatte ich nicht und so fühlte ich mich wie ein Mäuschen, das nach Herzenslust herumflitzen und grenzenlos naschen und knabbern durfte. Geschäftiges Treiben der Frauen erfüllte die Backstube von Anfang an – da wurde gewogen, gerieben, geknetet, aufgelegt – mir schien, Unmengen von Teig wurden hier verarbeitet. Ich vertrieb meine Zeit damit, dass ich da und dort zuschaute. Für mich spannend, wie aus einem Häufchen Mehl und einigen anderen Zutaten ein köstlicher Teig entstand. Ja, einfach lecker – ich konnte dies bestätigen, oft genug hatte ich Teig erbettelt, gekostet und voll Spannung auf das Endergebnis gewartet. In einem Winkel der Backstube zog mich eine besonders geschäftige Tätigkeit dermaßen an, dass ich jetzt noch denke: Fließbandarbeit anno 1950. Was war das? Meine Blicke heftete ich an eine große Fleischmaschine – anstatt Fleisch wurde Teig hineingegeben – Unmengen – an der Kurbel gedreht, nachgestopft und immer wieder die Spindel in Bewegung gesetzt. Die Überraschung kam vorne heraus, wohlgeformte Plättchen und Stangerl. Viele fleißige Hände legten diese flink Reih' um Reih' auf Bleche. Alle Handgriffe wurden wie automatisch durchgeführt und so kam ich auf den Gedanken, die Frauen als »Keksmaschine« zu bezeichnen. Die rohen Kekse auf den großen Backblechen wurden rasch ins Backrohr geschoben, dort träumten sie, in Wärme gebettet, den Traum köstlicher Knabbereien.
Stangerlkekse nannte ich sie, heiß erwartet und höchster kulinarischer Genuss für meinen Gaumen. Vor allem mit den Bruchstücken war meine Oma sehr freigiebig und ich konnte schier unendlich, schien es, diese Kekse verspeisen.
Wie kam es nun, dass dieses Backwerk nur einmal im Jahr hergestellt wurde? Der Anlass war wirklich ein besonderer – Erstkommunion der Kinder im Ort. Die Kekse waren knuspriges Beiwerk zum gemeinsamen Frühstück.
Lange bevor ich Erstkommunion hatte, erlebte ich die Backtage in vollem Genuss. Wenn die Frauen gehäuft gefüllte Körbe solcher Kekse wegtrugen, wunderte ich mich immer, wie solche Mengen aufgegessen werden konnten. Als es dann bei mir so weit war mit der Erstkommunion, wurde das Rätsel gelöst. Jedes Kind bekam nämlich einen mit diesen Keksen gefüllten Papiersack mit nach Hause. Bald nach meiner Erstkommunion wurde dieser Brauch eingestellt. Gekaufte Bäckereien und Süßigkeiten nahmen den Platz ein. Ab und zu backte meine Oma für mich solche Stangerlkekse und eines blieb: die Erinnerung an die »Keksmaschine«, die unendlichen Keksmengen, der intensive Keksduft zur Maienzeit. All dies träumt den Traum glücklicher Stunden.

SOMMER

Selbst wenn der Bauer sorgt und handelt
wo Saat in Sommer sich verwandelt
reicht es niemals hin.
Die Erde schenkt.

(R. M. Rilke)

Flachs – das Gold des Mühlviertels

Im vorigen Jahrhundert erstrahlten die Mühlviertler Felder in einem Blassblau. Der Flachs war in Hochblüte. Heutzutage ein recht seltener Anblick, denn die Kulturpflanze des Mühlviertels schlechthin wurde innerhalb eines halben Jahrhunderts fast dekultiviert. Der einstige Reichtum des Landes ist heutzutage eine Besonderheit.

Jede Pflanze bestand aus einer Fruchtkapsel oder Bollen, die etwa neun Samenkerne, die Leinsaat beherbergte. Die Leinsaat war jedoch nur ein »Nebenprodukt« aus dem Leinöl gewonnen wurde. Hauptaugenmerk lag auf dem wertvoll fasrigen Stängel, der zur Flachsgewinnung.

Leinöl: Wird aus der Leinsaat gewonnen, die gequetscht und kalt oder warm zu dem gesündesten Speiseöl gepresst wird. Dieses kräftige goldgelbe Öl, das leicht nussig-herb schmeckt, hat einen hohen Anteil an den Vitaminen A, D und E sowie an mehrfach ungesättigten Fettsäuren. Die einzige Ölmühle, die Leinöl erzeugt, ist jene der Familie Koblmiller in Haslach.

Leinsamen: Dieser wird ganz oder geschrotet für vielerlei Brot und Gebäck verwendet.

Leinen: Vorerst wird bei der Pflanze die Schale und Wurzel entfernt und danach getrocknet. In einem speziellen Arbeitsvorgang, dem »Hacheln und Auskämmen« wird aus der Pflanze das »Haar« gewonnen – die eigentliche Faser. Die gewonnene Faser wurde versponnen und auf Spulen als Garn am Handwebstuhl zu Leinen verwebt. Heute ist die Anzahl der Webereien stark geschrumpft – die Produktion aber umso feiner.

JUNI

Das Leben pulsiert im Freien. Die Wiesen stehen in voller Farbenpracht, und die Natur eifert jeden Tag, an dem sie das schönste Bild auf unsere Wiesen malen kann. Gleißend hell ist das Licht und heizt die Landschaft auf. Die Luft ist gesättigt von Hitze und Dampf. Voll von Aromen der Wiesenblumen, Kräuter, Heu und Staub. Wir lauschen entzückt dem Zwitschern der Vögel sowie dem Zirpen der Grillen und wiegen uns in satter Fülle des Lebens. Es ist Halbzeit des Jahres. Duftendes Heu wird eingebracht. Das Getreide wird strähniger. Strohblonde Getreidefelder wiegen sich im Takt des Windes. Auf ihren Wellen klingt das beruhigende Rauschen des kühlen Waldes. Es ist Zeit der Sonnenwende. Wer jetzt noch Gemüse sät, wird nur mehr wenig ernten. Die Natur hat eine Wendung gemacht – Reifezeit ist in Sicht.

TRADITIONELLES

ABGESCHMALZENER SALAT

Salat: *Häuptelsalat / Mostessig / Wasser / Salz / Bauchspeck*

Salat einputzen / waschen / Speck in Streifen schneiden / auslassen / mit Essig und Wasser ablöschen / salzen / noch warm über den Salat geben.

Speck

ERDÄPFELSUPPE

Suppe: *rohe speckige Kartoffeln / Karotten / Petersilienwurzel / Sellerie / Lauch / Leinöl / Zwiebel / Knoblauch / Pfefferkörner / Wacholderkörner / Thymian / Majoran / Kümmel / Lustkraut / etwas Essig / Salz / Sauerrahm*

Kartoffeln und Wurzeln würfelig schneiden / Zwiebel, Knoblauch gewürfelt in Leinöl glasig werden lassen / Kartoffeln und Wurzeln zugeben / mit Wasser aufgießen / Gewürze dazugeben / weichkochen / mit Sauerrahm und Essig vollenden.

LEBERSCHEDL MIT SPECKKRAUTSALAT

Leberschedl: *faschierte Schweinsleber und Schweinsbauch / Schweinsnetz / Salz, Kümmel, Majoran, Zwiebel, Knoblauch, Pfeffer / Knödelbrot / Petersilie / etwas Milch*

Knödelbrot in etwas Milch einweichen / Zwiebel würfelig schneiden und in Fett anrösten / alle Zutaten vermischen / eine Rein mit dem Schweinsnetz auslegen / Masse darauf verteilen / mit dem Netz abschließen / mit einigen Korianderkörnern bestreuen / im Rohr goldbraun backen.

HOLLERKRAPFEN

Krapfen: *pro Person zwei große Hollerblüten / Ei / Milch / griffiges Mehl / Staubzucker / Fett zum Ausbacken*

Aus Ei, Mehl, Milch einen nicht zu dicken Teig bereiten / Fett erhitzen / Hollerblüten durch den Teig ziehen und im Fett goldbraun ausbacken / abtropfen lassen und mit Staubzucker bestreuen.

INTERPRETATIONEN

GESCHMORTER SPARGEL IN ESSIG UND ÖL (4 Personen)

Spargel: *16 Stangen Solospargel / 1 Kl. Salz / 1 Kl. Zucker / 1 nussgroßes Stück Butter / etwas Wasser / Alufolie*

Spargel schälen / Schalen für die Suppe aufheben / Spargel in die Alufolie mit Salz, Zucker und Butter einschlagen / bei 170 Grad für ca. 25 Minuten ins Rohr geben / wenn der Spargel weich ist / anrichten / den entstandenen Saft mit der Marinade mischen.

Marinade: *1 El. Nussöl / 2 El. Olivenöl / 1 El. Zierfandler TBA Essig / 1 Kl. Weißweinessig / 1 Kl. Schnittlauch und Kerbel*

Alle Zutaten vermischen und zu dem Saft des Spargels geben.

Anrichten / den Spargel auf einem Teller anrichten und gut mit der Marinade nappieren / unbedingt lauwarm servieren.

Das Gericht / der Spargel leicht ockerfarben und butterweich mit einem herrlichen leicht süßlichen karamelligen Duft, der mit der molligen feinen säuerlichen Vinaigrette eine herrliche Verbindung eingeht.

»Ein verblüffend leichtes Spargelrezept, das sicher Aufmerksamkeit erregt.«

SPARGELMELANGE MIT GRÜNEM KNABBERSPARGEL (4 Personen)

Suppe: *Spargelschalen von 16 Stangen Spargel / 3/4 l Wasser / 1 El. Salz / 1 El. Zucker / 1 gestrichener Mkl. Kaffeepulver / 1 mehlige Kartoffel / 1/4 l Milch / 1 nussgroßes Stück Butter / 8 Stangen grüner Suppenspargel*

Spargelschalen mit Zucker, Salz und Wasser aufstellen / um ein Viertel einkochen lassen / die Kartoffel schälen, reiben und in den Sud geben / nochmals kochen lassen / abseihen / das Kaffeepulver zufügen / Milch beimengen / aufkochen lassen und mit Butter montieren.

Anrichten / Suppe sehr schaumig aufmixen und in Kaffeetassen füllen / mit etwas Kaffeepulver garnieren / den grünen rohen Spargel hineinstecken.

Die Suppe / weiß, luftig, schaumig mit vollem, leicht süßlichem Spargelgeschmack, der durch das herb-bittere Röstaroma des Kaffees verstärkt wird. Knackig frisch der grüne Spargel.

»Eine lustig-leichte Version der Spargelsuppe, die vollen Geschmack bringt.«

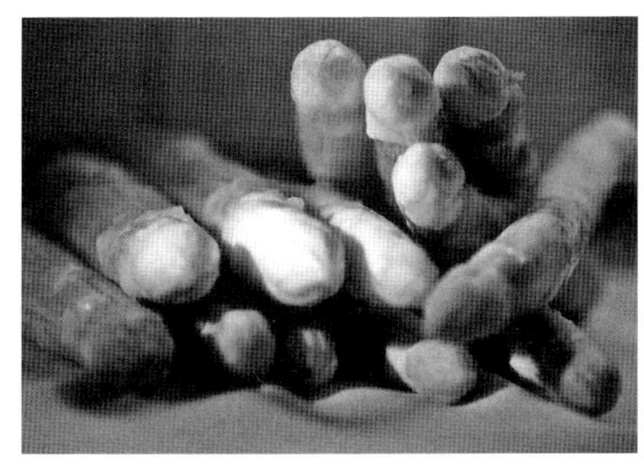

Spargel

WESPENNESTER MIT FRÜHKRAUT, DOST UND HÜHNERLEBERSAUCE (6 Personen)

Wespennester: *28 El. Mehl / 1 Kl. Salz / 2 Eier / 1 Kl. Zucker / 2 nussgroße Stück Butter / 1/2 Pk. Germ / schwach 0,2 l warmes Wasser*

Aus den Zutaten einen Teig schlagen und gehen lassen / rechteckig ausrollen / mit der Fülle belegen und zusammenrollen / in 1 cm dicke Scheiben schneiden / mit der Schnittfläche nach oben in eine runde Rein setzen.

Fülle: *Sauerrahm / nach Belieben Speckwürfel / 1/2 mittelgroßes Krauthäuptel / 1 kinderfaustgroße Zwiebel / 1 Msp. Kümmel / 1 Kl. Salz / 1 El. Butterschmalz / 1Kl. Zucker / 1 Spritzer Weißwein / je 1/2 roter und gelber Paprika / 2 El. gehackte Petersilie*

Kraut in Würfel schneiden / Zwiebel fein hacken / in Schmalz glasig werden lassen / Paprika in Würfel schneiden / zufügen / Kraut beimengen und würzen / Weißwein angießen / sehr weich dünsten lassen / zum Schluss die gesamte Flüssigkeit wegdampfen lassen / mit Petersilie vollenden.

Wespennester im Rohr gut ausbacken und nach Belieben kurz vor Ende der Backzeit mit Sauerrahm und Speckwürfeln bestreuen.

Hühnerlebersauce: *4 Stück Hühnerleber / 1 Mkl. Salz / 1/16 l Portwein rot / 1/16 l Madeira / 1/16 l Apfelsaft / 4 Zweige Dost / 1/16 l Hühnersuppe / 1 Apfel / etwas Pfeffer*

Die Blüten vom Dost entfernen und die Blätter abzupfen / alle Zutaten außer der Leber aufkochen / etwas einkochen lassen und die Leber zufügen / 15 Minuten ziehen lassen / alles mixen und durch ein Haarsieb streichen.

Anrichten / die Wespennester auf einen Teller setzen, mit den Blüten garnieren und die aufgeschäumte Hühnerlebersauce rundum nappieren.

Das Gericht / goldbraun mit violetten Blüten. Saftig, weich mit feinem Germ-Buttergeschmack. Pikant-würzig.

»Hier meine saure Version der Wespennester, die eigentlich nur als Süßspeise bekannt sind.«

STECKERLFISCHCREME MIT ROGGENEN NUDELN UND GURKEN-BORRETSCH (4 Personen)

Fischcreme: *4 Steckerlfische (Weißfisch, Barbe o. ä.) / 2 Dotter / 1/8 l Traubenkernöl / 1/8 l Erdnussöl*

Die Haut vorsichtig von den Fischen lösen / Fleisch möglichst grätenfrei ablösen / durch ein feines Sieb streichen / mit den Dottern cuttern / über sanfter Hitze das Öl einarbeiten.

Roggene Nudeln: *25 El. Roggenmehl / 1 Ei / 1/8 l Wasser / ein nussgroßes Stück Butter / etwas Salz / etwas Milch*

Aus den Zutaten einen Teig bereiten und rasten lassen / Rollen formen / Stücke abstechen und mit der Handfläche lange Nudeln rollen / in Salz-Milchwasser einkochen und in Butter abschmalzen.

Gurken Borretsch: *4 Stück junge Gurken / Salz / 2 El. Sauerrahm / Pfeffer / etwas Essig / Borretschblüten und Blätter*

Gurken fein schneiden / einsalzen und stehen lassen / den Saft leicht wegdrücken / die übrigen Zutaten außer den Blüten beifügen und vermischen / mit den Blüten garnieren.

Anrichten / alles separat in kleine Schüsseln anrichten und auf einem Teller servieren.

Das Gericht / die Nudeln kräftig und herzhaft, von dunkler Farbe, verbinden sich mit der feincremigen zart rauchig und würzigen Fischcreme – gedacht als warmer Dip. Saftig, knackig frisch dazu der Gurken-Borretsch mit den stechend blauen, exotisch wirkenden Blüten.

»Bleibt beim Grillabend einmal ein Steckerlfisch übrig, so ist dies die eleganteste Lösung, ihn zu verwerten.«

KANINCHEN MIT ESTRAGON-LUSTKRAUT-SPINAT, RAHM-NOCKEN

Kaninchenkeulen mit Salz und Pfeffer würzen und mit Schalotten und ungeschältem Knoblauch in Butter leicht Farbe nehmen lassen / zugedeckt ca. 25 Minuten simmern lassen / Weißwein mit Senf versprudeln und damit die Keulen einstreichen / etwas Weingemisch zufügen und Hitze erhöhen / ist das Fleisch gar, ausstechen / die Sauce passieren und mit Obers auffüllen / Keulen zurück in die Sauce legen.

Spinat und Kräuter putzen / Kräuter fein hacken / in einem Topf Butter erhitzen / Spinat und Kräuter zugeben / mit Salz, Pfeffer, Muskat würzen / gut umrühren, so dass der Spinat zusammenfällt.

Rahmnocken: Sauerrahm mit Ei versprudeln und Mehl zufügen / einen lockeren Teig bereiten / in einen Topf bodenbedeckt Wasser und etwas Butterschmalz hineingeben / aufkochen lassen / aus dem Teig Nockerl stechen / einlegen / dünsten bis es zu prasseln beginnt / werden sie unterhalb braun, ausstechen.

Anrichten / auf einem großen Teller den Spinat mittig platzieren / die Keule daraufsetzen und mit der Sauce nappieren / die Nockerl extra reichen.

Das Gericht / dominiert von den Farben grün und weiß – so auch der Geschmack. Feinmürbe und würzig säuerlich das Fleisch mit einer sämigen Sauce. Der Spinat frisch animierend und vollen Geschmacks. Die Nockerl eher neutral mit feinem Buttergeschmack.

»Das Gericht ist aufwendig zu kochen und vor allem verlangt es ständige Präsenz am Herd. Die Rahmnocken waren in der bäuerlichen Küche eine Hauptmahlzeit, zu der Salat oder Kraut gereicht wurde.«

HOLLERBLÜTENSCHAUM MIT ERDBEEREN UND KRAPFEN
(6 Personen)

Hollersaft *siehe Seite 120*

Hollerblütenschaum: *1/4 l Hollerblütensaft / 1/4 l Soda / 1/8 l Obers / 3,5 Blatt Gelatine / 1 El. Zucker*

Hollerblütensaft mit Soda und Zucker vermischen und auf Eis stellen / Gelatine einweichen / auflösen / und zu dem Hollersaft geben / unter ständigem Rühren schaumig aufschlagen / die Masse muss dabei auf Eis stehen / wenn die Masse hellweiß wird und zu stocken beginnt, das Obers unterheben / kalt stellen.

Krapfen: *1 Ei / 3 El. Mehl / etwas Milch / Hollerblüten*

Aus Mehl, Milch und Dotter einen Teig bereiten / Schnee unterheben / die geputzten Blüten durch den Teig ziehen / goldbraun ausbacken.

Erdbeeren: *36 große Erdbeeren / Grand Marnier*

Erdbeeren waschen / mit einer Spritze Grand Marnier aufziehen / die Erdbeeren damit »impfen«.

Strudelteig: *fertigen Strudelteig verwenden*

Strudelteigscheiben mit 10 cm Durchmesser ausstechen / knusprig im Rohr backen.

Anrichten / den Hollerblütenschaum ausstechen und auf ein rundes Teller setzen / das Strudelteigblatt stark mit Staubzucker bestreuen / mittels Lötlampe oder starker Oberhitze karamelisieren lassen / auf den Schaum setzen / Erdbeeren und gebackene Hollerblüten rundherum arrangieren.

Das Gericht / knusprig, luftig-weich, kalt-warm, süß-säuerlich. Ein blumig-fruchtig-aromatisches Geschmacksspiel am Gaumen.

»Hollerblütensaft ist in sterilen Flaschen, kühl gelagert über mehrere Wochen haltbar.«

JULI

Die Wiesen verglühen in der flimmernden Hitze. Nur einzelne Blumen blitzen noch zwischen dem trockenen Gras hervor. Die Luft vibriert, alles ist ruhig und verharrt im Schatten, um die Hitze zu lindern. Das Leben schreitet langsamer voran. Die rissig gewordene Erde lechzt nach Wasser. Es riecht nach trockenem Gras, Erde und Staub. In der Schwere des Sommers verwöhnt uns die Natur mit verführerisch-süßlichem Duft von Heckenrosen, aromatisch-wildem Oregano, Basilikum und Lavendel. Würziger Zitronengeruch des Quendels und der trockene Strohstaub des Getreides sind prägende Hochsommer-düfte. Tiefgrün in der Farbe strammt der Kukuruz auf dem Feld. Saftig süßlich-grüner Duft umhegt sein Feld. Es ist Erntezeit. Die Natur hat alles gegeben. Die Äcker liegen kahl geschoren da, die Stoppeln ragen hilflos in die Luft und warten darauf, in der Erde zu verrotten. Die Felder spielen sämtliche Register der Brauntöne und liegen ausgebrannt da. Frisches Gelb bringen die ersten Sonnen-blumen in das müde Farbenspiel. Es wird Spätsommer.

TRADITIONELLES

»Erbsensuppe und Germgebackenes gab es immer an Dreschtagen«

ERBSENSUPPE MIT GEBACKENEN NÜSSEN

Suppe: *getrocknete Erbsen / Fleischsuppe / Salz / Muskat / Butter / Mehl*

Erbsen über Nacht in Wasser einweichen / knapp bedeckt mit dem Einweichwasser aufstellen / weichkochen / Fleischsuppe zugießen / würzen / Butter bräunen / Mehl einrühren und mit der Suppe aufgießen / durchkochen lassen.

Gebackene Nüsse: *Butter / Milch / Ei / Mehl / Petersilie / Salz / Muskat / Fett zum Ausbacken*

Milch mit der Butter aufkochen lassen / würzen / Mehl einrühren und zu einem Klumpen abbrennen / Petersilie und Ei einarbeiten / kleine Kugeln (»Nüsse«) formen und im Fett ausbacken.

SÜSSES KRAUT

Kraut: *Frühkraut / Salz / Kümmel / Schweinsschmalz / Zucker / edelsüßer Paprika / Mostessig / 1 Stk. mehlige Kartoffel*

Kraut würfelig schneiden / Schmalz erhitzen und den Zucker darin leicht karamelisieren / Paprika zugeben und sogleich mit etwas Mostessig aufgießen / Kraut zugeben / würzen / vermischen / weichdünsten / mit einer geriebenen Kartoffel binden.

TOPFENFLECKERL MIT GURKENSALAT

Topfenfleckerl: *Mehl / Eier / Salz / Wasser*

Aus den Zutaten einen festen Teig kneten / ausrollen / in Fleckerl schneiden / in Salzwasser kochen und in heißer Butter schwenken.

Bröseliger Bauerntopfen / Schnittlauch / Sauerrahm / Speckwürfel / Salz / Pfeffer

Bauerntopfen mit den Zutaten vermischen und in einer Pfanne leicht wärmen / Fleckerl dazugeben und vermischen.

Gurkensalat: *Gurken / Sauerrahm / Salz / Pfeffer / Knoblauch / Dille / Essig*

Gurken schälen / entkernen / hacheln / salzen / ziehen lassen / leicht ausdrücken / Sauerrahm, gehackten Dill zugeben und mit Essig pikant abschmecken.

KIRSCHAUFLAUF

Kirschauflauf: *Sauermilch / Rahm / Grieß / Eier / Kirschen / Staubzucker / Butterschmalz*

Sauermilch, Rahm, gleichschwer Grieß, Eier zu einem dicken Teig anrühren / in einer Rein Schmalz erhitzen / Teig einfließen lassen / dick mit Kirschen bestreuen / Rein mit Deckel abdecken und im Rohr ausbacken / mit Staubzucker bestreuen.

Kirschauflauf

INTERPRETATIONEN

OFENKÜRBIS MIT WIESENKÜMMEL, JOHANNISKRAUT UND SUPPENGEMÜSECREME (4 Personen)

Suppengemüsecreme: *Gemüse, mit der die Rindsuppe angesetzt wurde: Karotten, Sellerie, Petersilienwurzel / 1 großes Essiggurkerl / 5 Kapern / 1 gekochtes Ei / 2 Schalotten / je 1/2 Kl. Schnittlauch, Estragon, Petersilie, Lustkraut / 2 El. Sauerrahm / 1 El. Essiggurkerlessig / 1 Mkl. scharfer Senf / Salz / Pfeffer / Muskat*

Das ganz weich gekochte Gemüse sehr fein hacken / gekochtes Ei, Essiggurkerl und Kapern sowie die Kräuter ebenfalls fein hacken / alle Zutaten gut vermischen und würzen.

Ofenkürbis: *4 Stk. kleine Kürbisse / Salz / Pfeffer / Muskatnuss / 1 Mkl. Wiesenkümmel / ein Zweig Johanniskraut / 1 El. Distelöl / 1 Kl. Apfelessig*

Vom Kürbis die Stiel- und Blütenansätze entfernen / mit den restlichen Zutaten in einen Topf setzen / mit einem Deckel verschließen / bei 160 Grad weich schmoren (dauert etwa 60-90 Minuten)

Anrichten / Suppengemüsecreme kreisrund auf einen Teller geben / den Kürbis daraufsetzen / mit dem entstandenen Saft nappieren / mit den Kräutern garnieren.

Das Gericht / beherrscht von Gelb, Grün und Orangetönen. Der Kürbis pur im Geschmack, weich von leicht würziger Aromatik durchzogen. Er trägt eine feine, fruchtige Säure, die sich mit der vollmundigen Gemüsecreme ergänzt.

»In der Gemüsecreme findet das Suppengemüse eine herrliche Verwendung und eignet sich als Brotaufstrich hervorragend.«

FRUCHTIGE PARADEISERSUPPE (4 Personen)

Suppe: *1 kinderfaustgroße Zwiebel / 4 mittelgroße vollreife Paradeiser / 8 kleine reife Marillen / 2 Zweige Lavendel / 1/2 l Hühnerfond / 1 Tl. Salz / etwas Pfeffer / Muskatnuss / 2 El. Rapsöl*

Zwiebel würfelig schneiden / Marillen entsteinen / 1 El. Rapsöl erhitzen / Zwiebel angehen lassen / Paradeiser und Marillen in Würfel schneiden und 1 Zweig Lavendel zugeben / schmurgeln lassen, so dass der Saft austritt / würzen / mit Fond aufgießen / weichkochen / mixen / passieren.

Anrichten / in Suppentassen gießen / restliches Öl obenauf geben / mit Lavendelblüten garnieren.

Die Suppe / orangerot und sämig mit gelben Ölpunkten und blauen Blüten. Aromatisch duftig mit dezenter parfumartiger Exotik, feiner Säure und fruchtiger Süße.

»In dieser Suppe sind die Aromen des Monats Juli bestens eingefangen.«

INTERPRETATIONEN

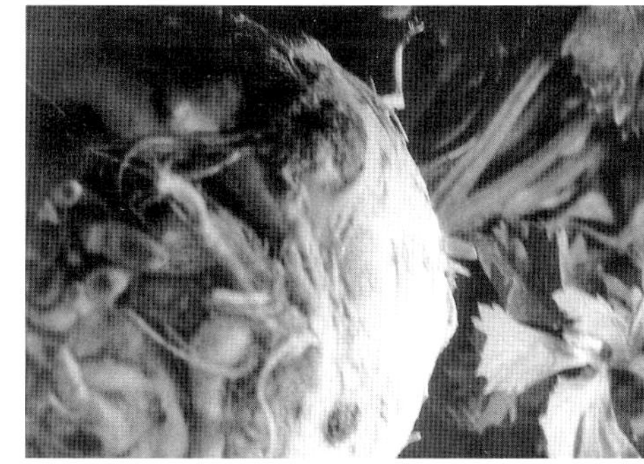

Sellerie

KALBSLEBER MIT JOHANNISBEEREN UND SELLERIEPOFESEN (4 Personen)

Pofesen: *1 kleiner Sellerie / Johannisbeermark / 1 Ei / Mehl / Butterschmalz*

Den Sellerie mit der Schale kochen / ist der Sellerie weich / schälen / in dünne Scheiben schneiden / jeweils zwei Scheiben mit dem Johannisbeermark »zusammenkleben« / in Mehl und Ei wälzen / goldgelb ausbacken.

Johannisbeermark: *8 El. Johannisbeeren*

Die Beeren durch ein feines Sieb streichen.

Leber: *4 Scheiben Kalbsleber / Pfeffer / Salz / Rosmarin / Mehl*

Leber würzen und in Mehl wenden / bei sanfter Hitze in Butter anbraten / im Rohr bei 160 Grad je nach Dicke 4-6 Minuten garen / rasten lassen / vor dem Servieren einmal halbieren.

Sauce: *4 El. Kalbsjus / 2 El. Selleriefond (ist beim Selleriekochen entstanden) / 2 El. Cassislikör / 1 Kl. Butter / 2 El. Johannisbeeren*

Bratensatz mit dem Selleriefond aufgießen und vom Pfannenboden lösen / alle Zutaten außer Butter zufügen und um ein Drittel einkochen lassen / mit Butter montieren.

Anrichten / die Leber längs halbieren / mit der Sauce nappieren / die Selleriepofesen dazuplatzieren.

Das Gericht / Blau-, Brauntöne sind die dominanten Farben bei diesem Gericht. Die Leber ist butterzart. Feinsäuerlich mit dezenter fruchtiger Süße ergänzt die Sauce den süßlich herben Geschmack der Leber wunderbar. Die Selleriepofesen sind hier eine Ergänzung und bringen feinsäuerliche Gemüsearomen ins Spiel.

»Für mich eines der besten Lebergerichte. Bei den Pofesen erinnert lediglich das Fruchtmark und die Zubereitung an die klassische Mehlspeise.«

DONAULACHS (HUCHEN) MIT RAPSÖLERDÄPFELN (6 Personen)

Huchen: *1 Huchen, etwa 2,5 kg schwer / 4 frische Lorbeerblätter / 1 Zweig Zitronenmelisse / 1 El. Olivenöl / etwas Salz / geröstete geschrotete Korianderkörner / 1 Ei / Backpapier*

Fisch filetieren / Gräten entfernen / in Portionsstücke teilen / mit den Gewürzen belegen / in Backpapier einschlagen / die Ränder gut mit Ei bestreichen damit es gut dichtet / der Fisch muss in eine Art Papiertasche eingeschlagen werden / bei 180 Grad für 10 Minuten in das Rohr schieben / am Ende der Garzeit bläst sich der Papiersack auf.

Erdäpfel: *6 kinderfaustgroße Erdäpfel (Linzer Rose) / 4 El. Rapsöl / 1 Kl. Rapssamen / Milch / Hühnerfond / Salz / Muskat*

Kartoffeln schälen / würfeln / 3 El. Rapsöl erhitzen / Kartoffeln darin anbraten / knapp mit Milch und Hühnerfond zu gleichen Teilen bedecken / weichkochen lassen / mit Rapssamen und Öl vollenden

Anrichten / das Fischpackerl auf einen Teller legen / vor dem Gast aufreißen / die Rapsölerdäpfel in Schüsseln einstellen.

Das Gericht / die Rapsölerdäpfel dottergelb, cremig, mollig. Der Fisch »versteckt« in einem Päckchen, aus dem nach dem Öffnen wunderbar würziger, zitroniger, feiner Fischduft entweicht. Das Fischfleisch saftig und durchzogen vom Aroma der Kräuter.

»Die Rapsölerdäpfel sind eine köstliche Abwandlung der Leinölerdäpfel.«

INTERPRETATIONEN

GEFÜLLTE HAUSTAUBEN MIT QUENDEL UND WEICHSELZWIEBEL
(4 Personen)

Tauben: *4 Tauben / 1 El. fein gehackter Quendel / 8 Scheiben Toastbrot / 1/8 Butter / 1 Ei / Salz / Muskat / Pfeffer / 4 Längsscheiben fetter geräucherter Speck / 2 noch sehr feste Klaräpfel*

Toastbrot würfeln / in Butter resch braten / Äpfel fein würfeln / mit den restlichen Zutaten, ausgenommen Speck, vermischen / zusammenpressen und ziehen lassen / die Tauben innen putzen und füllen / in einem Topf die Tauben rundherum anbraten / mit Speckscheiben belegen / mit einem Deckel abdecken / bei 150 Grad 1-1 1/2 Stunden ganz weich garen.

Zwiebel: *20 kleine Schalotten / 20 Stück Weichseln entkernt / Salz / 1 El. Zucker / 1/8 l Rotwein / 1/8 l Portwein*

Schalotten in Wasser weich kochen / Zucker mit dem Portwein und Rotwein um zwei Drittel reduzieren / Schalotten gemeinsam mit den Weichseln und der Reduktion einkochen lassen, so dass es sämig wird.

Anrichten / Weichselschalotten dekorativ auf den Teller setzen und die Taube dazuplatzieren / den entstandenen Saft mit Butter montieren und die Taube damit nappieren.

Das Gericht / dunkelrot, mit milder Schärfe der Schalotten, gut ausbalancierte Fruchtsäure. Sie bilden einen angenehmen Kontrast zum mürben, feinen, süßlichen Geschmack der Taube. Duftig, zitronig, würzig die Fülle, welche die Aromen der Taube aufgenommen hat.

»Früher wurden vier Stück Tauben oder mehr pro Portion verzehrt. Die Haustauben waren meist dem Hausältesten vorbehalten, da man, um für alle Fleisch zu haben, zuviele Tauben hätte schlachten müssen.«

MARILLEN MIT LAVENDELEIS, KALTEN GRIESSKNÖDELN UND BROMBEEREN

Für die Knödel eine Grießflammeriemasse zubereiten und kalt stellen / ist die Masse gestockt, kleine Knödel formen und in geriebenen Nüssen wälzen.

Marillen entsteinen und halbieren / Zucker karamelisieren lassen / mit Marillenschnaps und etwas Wasser ablöschen / aufkochen und auflösen / die Marillenhälften darin weich dünsten / im Sud erkalten lassen / einen Teil der Marillen für die Sauce mixen und passieren.

Milch mit Lavendelblüten, Zucker und Vanille aufkochen lassen und mit Eidotter zur Rose abziehen / in der Sorbetière gefrieren lassen.

Brombeeren zuckern / einen Teil der Beeren für eine Sauce mixen.

Anrichten / auf einem ovalen Teller die Marillenhälften längs anrichten / Marillen und Brombeersauce tropfenförmig auf dem Teller verteilen / auf die Marillenhälften das Eis und die Knödel setzen / mit Brombeeren garnieren.

Das Gericht / ein kräftiges Orangegelb und Violettrot sind die bestimmenden Farben. Aromatisch, duftig, beerig mit erfrischender, feiner Fruchtsäure. Überraschend leicht und cremig die kalten Grießknödel.

»Die kalten Grießknödel sind eine verfeinerte leichte Form des ›Grießko‹. Marillen mit Lavendel kombiniert verstärkt deren Aroma.«

AUGUST

Mit der letzten Getreideernte verschwinden die leuchtend blauen Kornblumen. Der verführerisch sattrote, bis hin zum zartvioletten Mohn verblüht. Die graugrünen Mohnkapseln stecken keck ihre Köpfe in den Himmel, um bei genügend Reife und Wind das Mohnfeld in ein feines Rasseln zu tauchen. Der Kukuruz beginnt seine Kolben zu bilden. Weich wie Babyhaar wiegen sich die Samenfäden der Kolben im bereits kühlen Morgenwind. Das Gras funkelt frisch und feucht in den schillerndsten Farben. Die Kräuter stehen in Hochblüte und verwandeln die Felder in würzige, frische, verführerische Aromaerlebnisse.
Flüsse und Seen sind voll von fettem Fisch. Fangfrisch bringen sie einen Hauch ihres Lebensraumes mit – kalt, feucht und glitschig, duftend nach Moos, Algen und feuchtem Kiesel. Pilze, Beeren aus Wald und Flur, Erdfrüchte aller Art, Getreide, Gemüse, all das gibt es im Überfluss. Die Hausmarillen und Pfirsiche sind hochreif und verführen mit ihrem herrlich frischen Aroma. Apfelbäume, voll von Früchten, reifen in den nächsten Wochen zu rotbackigen, saftigen, süß-säuerlichen, knackigen Erfrischungen heran. Die ersten Blätter beginnen sich zu verfärben. Unweigerlich ist der Sommer vorbei – ein erster Hauch von Herbstwehmut hängt in der Luft.

GSCHAB'NBLATT'LN

Blatt'ln: *Strudelteig oder Nudelteigreste / Zwiebel / Eier / Salz / Petersilie / Schmalz*

Teigreste dünn ausrollen und trocknen lassen / in kleine Stücke brechen und kochen / in einer Pfanne Zwiebel anschwitzen / Blatt'ln dazugeben und die Eier darüberschlagen / würzen und stocken lassen.

SÄUR'SUPPE

Suppe: *Buttermilch / Roggenmehl / Wasser / Salz / Rahm / Schwarzbrot*

Wasser mit Salz aufkochen / Mehl mit der Buttermilch versprudeln und in das Salzwasser einsprudeln / kochen lassen / mit Rahm vollenden und Schwarzbrotschnitten hineinschneiden.

FILLINGMANDL

Fillingmandl: *Eierschwammerl / Schmalz / Zwiebel / Salz / Pfeffer / Schwammerlkraut / Grieß / Petersilie*

Schwammerl putzen / Zwiebel würfelig schneiden / in Schmalz anrösten / Eierschwammerl zugeben / würzen / den entstandenen Saft mit Grieß binden / Petersilie und Schwammerlkraut zugeben.

GEBACKENE MOHNMÄUSE

Mäuse: *Mehl / Germ / Zitronenschale / Dotter / Butter / Milch / Rum / Vanillezucker / gemahlener Mohn / Staubzucker*

Einen Germteig bereiten / nach dem Gehen zusammenschlagen / kleine Kugeln formen / nochmals gehen lassen / in Fett ausbacken / abtropfen lassen und in Mohn wälzen / mit Zucker bestreuen.

Mohnkapseln

PARADEISERKOMPOTT MIT GUTEM ERDÄPFELSCHEDL
(4 Personen)

Paradeiserkompott: *6 Stk. vollreife Paradeiser / 1 Msp. Korianderkörner, Senfkörner / etwas Pfeffer aus der Mühle / 1 Kl. Salz / 1 Kl. Zucker / etwas Zitronensaft und Schale / 1 frisches Lorbeerblatt / 1 kleiner Zweig Estragon / 1 Schalotte / 1/2 Knoblauchzehe angedrückt / 1 El. Mohnöl / 1 El. Olivenöl / etwas Wein*

Die Paradeiser schälen / entkernen / in große Würfel schneiden / aus den Schalen und Kerngehäusen mittels eines Tuches den Saft auspressen / Olivenöl mit der angedrückten Knoblauchzehe erhitzen / Knoblauch herausnehmen / Schalotten feingehackt darin ansautieren / die Paradeiserwürfel und die restlichen Zutaten beifügen / zugedeckt im Rohr bei 120 Grad 20 Minuten garen und im Sud auskühlen lassen.

Erdäpfelschedl: *2 große speckige Kartoffeln / 1/4 l Obers / 1/8 l Hühnersuppe / 1 Mkl. Senfkörner geschrotet / Salz / Muskat / 1 kinderfaustgroßer Zwiebel / 4 El. Rapsöl / 1 Msp. scharfer Senf / 1 Ei*

Zwiebel schälen / in Ringe schneiden / hellbraun in Öl rösten / Obers und Hühnersuppe zugeben / würzen / aufkochen lassen / die Kartoffeln blättrig schneiden / zugeben und sämig einkochen lassen / Ei beimengen / im Rohr bei 110 Grad 90 Minuten garen lassen / überkühlen lassen und lauwarm in Stücke schneiden.

Anrichten / das Paradeiserkompott auf einen Teller verteilen, den Erdäpfelschedl dazusetzen / wenn vorhanden mit Ackersenf garnieren.

Das Gericht / das Kompott hellrot, feinsäuerlich mit dezenter Süße. Ein guter Gegensatz zum eher molligen, üppigen, erdigen Geschmack des Erdäpfelschedls. Leicht und doch mit Substanz.

»Guter Schedl hieß es deswegen, weil mehr und bessere Zutaten als für den herkömmlichen Erdäpfelschedl verwendet wurden.«

BUTTERMILCHSUPPE MIT GSCHAB'NBLATT'LN (4 Personen)

Suppe: *1/2 l Hühnerfond / 1/2 l Buttermilch / 1 nussgroßes Stück Butter / 1 El. Mehl / 4 El. geschnittener Schnittlauch*

Butter leicht bräunen / Mehl einrühren / mit dem Hühnerfond aufgießen / auskochen lassen / Buttermilch zugeben / aufsieden lassen / schaumig mixen / Schnittlauch zugeben.

Blatt'ln: *Strudelteig oder Nudelteigreste*

Teigreste dünn ausrollen und an einem trockenen Ort trocknen lassen / in Stücke brechen / in Salzwasser kochen / abseihen / in brauner Butter schwenken.

Anrichten / Blatt'ln in einen Suppenteller geben und mit der aufgeschäumten Suppe knapp bedecken.

Die Suppe / leicht, luftig, cremefarben mit grünen Schnittlauchpunkten. Geschmacklich vollmundig mit feinem Milchsäuregeschmack und nussiger Butteraromatik.

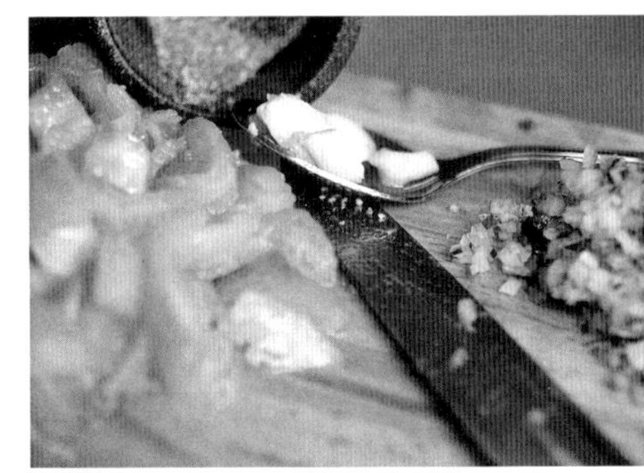

FILLINGMANDL MIT HÄUPTEL-SALAT (4 Personen)

Fillingmandl: *2 kleine Schalotten / 28 El.(etwa 250 g) kleine Eierschwammerl / 1 El. gehackter Quendel / 2 El. gehackte Petersilie / 4 El. Grieß / etwa 1/8 l Rindsuppe / 1 nussgroßes Stück Butterschmalz / Salz / Pfeffer*

Eierschwammerl putzen / Schalotten fein hacken / gemeinsam in Butterschmalz bei mäßiger Hitze anbraten / Quendel und Petersilie zufügen / die Schwammerl Saft ziehen lassen (lassen die Schwammerl zu wenig Saft, etwas Rindsuppe zufügen) / Grieß darüberstreuen / würzen / aufquellen lassen.

Häuptelsalat: *1 Häuptel Salat / Salz / Muskat / Zitronensaft / 2 El. Nussöl / 1 El. Leinöl / Maiskeimöl je nach Bedarf*

Salat einputzen / die gelben Blätter für den Salat aufheben / die grünen Blätter fein julienne schneiden / im Mixer mit dem Öl pürieren / so viel Öl zufügen, dass es eine cremige Konsistenz bekommt / würzen / zum Schluss mit Zitronensaft säuern.

Anrichten / Fillingmandl auf einem kleinen Teller anrichten / mit etwas Leinöl beträufeln und mit Petersilienblättern garnieren / die Salatherzen mit der Salatsauce marinieren.

Das Gericht / das Fillingmandl ockerfarben. Würzig, frisch, erdig im Geruch, der sich im Geschmack fortsetzt und vom cremigen Grieß eingebettet wird. Grüner Salat mit grünem Dressing und frischem, feinherbem, leicht säuerlichem Geschmack.

»Das Wort Fillingmandl stammt eigentlich aus dem Salzkammergut. Diese Zubereitungsart wurde im Mühlviertel auch praktiziert, hatte jedoch keinen besonderen Namen.«

WELS MIT OFENPAPRIKA UND MOHN

Wels filetieren und in Portionsstücke teilen / mit gestoßenem Kümmel, Mohn und Koriander bestreuen / mit Mohnöl bepinseln und zugedeckt einen Tag marinieren lassen / Paprika schälen und salzen / stehen lassen / in einem Steinguttopf / Rapsöl und Mohnöl erhitzen / Rosmarin und ungeschälten Knoblauch sowie mehlige Kartoffeln zugeben / garen bis die Kartoffeln fast weich sind / Paprika zufügen und kurz vor dem Fertigwerden den Fisch dazu legen / sind alle Zutaten gar, den Fisch und die Paprika warmstellen / die Kartoffeln mit dem entstandenen Saft und dem Öl verstampfen.

Anrichten / auf die gestampften Kartoffeln den Fisch anrichten und mit dem Paprika umlegen / mit Mohnblüten garnieren.

Das Gericht / würzige, süßliche und leicht bittere Aromen begleiten den nach Brotgewürzen duftenden Wels. Weich leuchten die Farben rot, braun, orange und gelb. Es sind die Farben des Spätsommers.

»Durch das gemeinsame Braten werden die Geschmäcker zu einer Einheit, ohne viel dazu beitragen zu müssen.«

Eierschwammerl

LAMMBRUST MIT SOMMER-GEMÜSE UND KAMUT (8 Personen)

Lammbrust: *1 Stück Lammbrust ausgelöst / 20 El. Kamut / Salz / Pfeffer / Rosmarin / Thymian / Salbei / Knoblauch / 1/2 Toastwecken / 2 Eier*

Lammbrust: Kamut in Gemüsefond ganz weich kochen / Toastbrot entrinden / würfeln / Kamut und die restliche Kochflüssigkeit und Eier vermischen / Gewürze fein hacken / Brust damit bestreichen / Kamutfülle daraufgeben / zusammenklappen / zusammennähen / würzen / langsam bei 160 Grad weich braten / öfters übergießen

Gemüse: *1 Melanzani / 2 Fleischparadeiser / 2 Zucchini / 5 Schalotten / 3 Zehen Knoblauch / 2 rote und 2 gelbe Paprika / 1 Knolle Fenchel / 2 Tellerkürbis / 1/8 l Olivenöl / etwas Salz / Pfeffer / 2 Zweige Dost / 8 Blatt Salbei / etwas Quendel*

Gemüse putzen / würfeln / in Olivenöl anbraten / ständig rühren / ist das Gemüse ganz weich, mit einem Schneebesen zerschlagen / mit etwas Olivenöl vollenden.

Anrichten / Lammbrust aufschneiden und neben dem groben Gemüsepüree anrichten / mit der Sauce nappieren

Das Gericht / intensiver und voller Gemüsegeschmack, der sich dem nach Kräutern duftenden, butterweichen Lamm mit nussig-kerniger Fülle einfügt.

»Kamut ist das eigentliche Urgetreide, hat einen leicht nussigen Geschmack, ist ockerfarben und braucht nicht geschält werden.«

DINKEL-MILCHREIS MIT MÄDE-SÜSS UND BEEREN (4 Personen)

Reis: *etwa 50 El. (1/2 Kg) Dinkelreis / 1 l Milch / 1 Vanilleschote / 3 El. Zucker / 8 Stk. Blütenstände vom Mädesüß*

1/2 l Milch mit den Mädesüßblüten aufkochen und ziehen lassen / abseihen / Dinkelreis mit der Hälfte der Mädesüßmilch aufkochen / Zucker beimengen / die restliche Milch nach und nach zugeben / sämig und ganz weich kochen / nach Bedarf die restliche Mädesüßmilch beimengen.

Beeren: *bunt gemischt je 1 El. Ribisel rot, schwarz und weiß, Himbeeren / Stachelbeeren*

Beeren putzen und leicht mit Staubzucker bestreuen.

Anrichten / Milchreis in einen Suppenteller geben und die Beeren obenauf streuen.

Das Gericht / schlicht, farbenfroh. Der mollige süße, leicht nussige Milchreis bekommt durch die Bittermandelaromatik des Mädesüß ein Geschmacksvolumen, das nur die Säure der Beeren zu bremsen weiß.

»Ein schnell gekochtes Dessert, das durch seine Aromen und sein Geschmacksvolumen überrascht. Unbedingt probieren!«

Ribisel

ERINNERUNGEN

Gezähmtes Feuer – Backofenmystik

Brot – es gibt für mich seit frühen Kindheitstagen nichts Köstlicheres. Der Duft, der Geschmack, das Knusprige und das Weiche – alles bildet eine Harmonie, die meine Sinne anspricht. Dies war immer so, wohnte doch meine Oma im Haus einer Bäckerei. Wenn ich das Haus betrat, strömte mir dieser wohlbekannte Brotduft entgegen. Er verlockte mich stets, einige Zeit in der Backstube zu verbringen. Fasziniert beobachtete ich, wie es möglich war, dass der Bäcker so große Mehlmengen in einem Holzbottich zu einem Teig verarbeiten konnte. Als ich das erste Mal sah, dass der Bäcker den fertigen Teig in Strohkörbchen drückte, glaubte ich, die Körbchen würden im Backofen verbrennen. Erleichtert verfolgte ich später das Herausstürzen der fertigen Laibe.

Der Backofen erweckte in mir eine gewisse Scheu. Der Bäcker stieg einige Schritte in eine Vertiefung hinein, so sah er besser in den Ofen und musste sich beim Herausnehmen der Brote nicht bücken. Alles rundherum strahlte Hitze aus, zu nahe wagte ich mich nie heran, aber das »Einschießen« des Brotes mit langen Holzschubern, sowie das Herausnehmen der würzig duftenden Brotlaibe beobachtete ich mit Begeisterung. Wurde der Backofen mit einem feuchten Besen gereinigt, zischte es dermaßen, dass ich immer meinte, im nächsten Augenblick müsste ein Feuer ausbrechen. Diese Backofenszenen erweckten in mir die Bilder von Hänsel und Gretel und in Phantasiebildern sah ich die Hexe im Backofen landen.

Als ich dies eines Tages meinem Freund Herbert erzählte, schlug er vor, dass ich zum Bauernhof seiner Großmutter mitkommen sollte. Dort würde ich noch lebhafter erfahren, wie das so mit Hänsel und Gretel war. Wir vereinbarten einen Tag und ich war sehr gespannt, was mich dort erwarten würde. Zunächst führte mich Herbert in eine winzige, dunkle Küche. Dort bearbeitete die Großmutter mit viel Mühe den Brotteig. Dieser wurde ebenso wie in der Bäckerei in Körbe gedrückt. Danach gingen wir zum Dorfplatz. Inmitten stand das Backhäusl. Großmutter öffnete das Türl und Herbert kroch in den Ofen hinein, bis er völlig verschwunden war. Angst stieg in mir auf: Was würde weiter geschehen? Doch ganz ruhig und sachlich gab Großmutter ihre Anweisungen, wo Herbert im Backofen die Scheiter platzieren musste, die sie hineinschob. Immer weiter kam Herbert aus dem Backofen heraus, bis er endlich wieder neben mir stand. Großmutter entfachte das Feuer, langsam fraß sich dieses in die Scheiter hinein und das Türl wurde geschlossen. Ich erlebte ein Geschehen realistisch, dennoch regte diese Szene meine Phantasie

vollends an. Am liebsten hätte ich noch länger hier verweilt, doch die Arbeit war für diesen Abend beendet.
Sehr zeitig am Morgen pilgerten wir mit den Brotkörben zum Backhäusl. Großmutter räumte die restliche Glut heraus und reinigte mit einem feuchten Besen den Ofen. Dir Brote wurden eingeschoben.
Die lautlose und heiße Arbeit des Ofens begann. Langsam kroch die Wärme in den Teig, veränderte ihn und bald durchströmte den kleinen Dorfplatz ein Wohlgeruch, den ich so sehr liebte.
Nach einigen Stunden war es so weit, die Brotlaibe wurden herausgenommen. Nun gab es eine Überraschung für mich. Großmutter hatte aus den Teigresten kleine Laibchen geformt und diese für uns Kinder mitgebacken. Einen eigenen kleinen Brotlaib zu verspeisen war wirklich etwas Besonderes.
Heute wird Brot in vielen Formen angeboten, auch in kleinen Laibchen. Erinnerungen erwachen in mir und ich freue mich darüber, dass ich die elementare, rituelle Form des Brotbackens in mir als lebhafte Bilder stets wiederfinde.

HERBST

Wir gehen um mit Blume, Weinblatt, Frucht.
Sie sprechen nicht die Sprache nur des Jahres.

(R. M. Rilke)

Kraut, Erdäpfel und Most

Kraut, Erdäpfel und Most waren und sind die drei wichtigsten Nahrungsmittel der ländlichen Bevölkerung. Grund dafür waren die Armut des Landstriches, das gute Gedeihen dieser Pflanzen im rauhen Klima und die überaus lange Haltbarkeit nach der Ernte.

Der Einfallsreichtum der Köchinnen, aus den einfachen Produkten Besonderheiten zu bereiten, schien fast unerschöpflich. Dies schlug sich auf die Kochbücher, die mündlichen Rezeptüberlieferungen und die kulinarische Auffassung der Menschen dieser Gegend nieder. Noch heute verlangt der »Mühlviertler« zu fast jedem Essen Erdäpfel.

Kraut: Die wichtigsten Sorten sind: Spitzkraut, Flachkraut, Einschneidekraut (eine sehr feste runde Krautsorte), Frühkraut und das Blaukraut. Aus Frühkraut gelingen Rouladen und kalter Krautsalat vorzüglich. Das Flachkraut wurde meist als ganzer Kopf gesäuert und aus dem Einschneidekraut entstand das Sauerkraut. Spitzkraut verarbeitete man meist zu warmem Krautsalat. Das Blaukraut, das zuletzt geerntet wird, ist ein beliebter Begleiter zu Wild-, Gansl-, und Entengerichten.

Erdäpfel: Das Mühlviertel ist auch als das Erdäpfellabor bekannt, weil im Wandel der Zeiten eine Vielzahl von verschiedenen Sorten gezüchtet wurden. Mehlige Erdäpfel werden für Teige verwendet, halbmehlige für Leinölerdäpfel und Schmarrn und speckige für Salz- und Petersilienerdäpfel, außerdem sind sie hervorragend für Erdäpfelsalat geeignet.

Most: Als die Landessäure bekannt, wird dieser zu jeder Tageszeit gespritzt oder natur genossen. Je nach Obstsorte ist der Most blass bis goldgelb, feinsäuerlich, mild oder herb.

SEPTEMBER

Die Tage werden endgültig kürzer. Den Altweibersommer genießen wir besonders. Das Licht der Sonne wandelt sich und wird weicher und schmeichelnder. Der Wald beginnt zum Abschied des Sommers sein schönstes Kleid anzuziehen. Er erstrahlt von Sattgrün bis Goldgelb und Kupferfarben. Durch Wiesen und Wälder schweben glitzernde Fäden, die von der Fortbewegung kleiner Spinnen stammen. Berührungen mit diesen sind für uns Streicheleinheiten des nahenden Herbstes. Die sterbende Kraft der Sonne wärmt nochmals die Natur und lässt diese wunderbar nach Laub, reifem Obst, warmer Erde, Nadelholz, kühlem feuchtem Gras und Pilzen duften. Vorräte werden eingebracht. Obst und Gemüse wurde haltbar gemacht. Wer innehält, kann das geschäftige Treiben der Eichkätzchen und Igel beobachten – sie bereiten sich auf den Winterschlaf vor. Jetzt schätzen wir die letzten wärmenden Sonnenstrahlen und kosten sie aus, denn für einige Monate werden wir darauf verzichten müssen. Es wird kühler – Zeit zum Einkehren – Zeit der Ruhe.

TRADITIONELLES

ERDÄPFEL-LEINÖLKÄSE

Eräpfel-Leinölkäse: *mehlige Kartoffeln / Sauerrahm / Zwiebel / Salz / Muskat / Leinöl*

Kartoffeln mit der Schale weich kochen / schälen / fein zerstampfen / Zwiebel fein würfeln / alle Zutaten zu den Kartoffeln geben und cremig verrühren.

GEMÜSESUPPE

Suppe: *Karotten / gelbe Rüben / Sellerie / Kohlrabi / Karfiol / Lauch / Zwiebel / Salz / Muskat / Lorbeerblatt / Schmalz / Wasser*

Alle Zutaten würfelig schneiden und in Schmalz anrösten / mit Wasser aufgießen / würzen / weichkochen.

RÜBENFLEISCH MIT DUNKLEM GRIESS

Rübenfleisch: *Schweinsbauch / weiße und gelbe Rüben / Zwiebel / Knoblauch / Majoran, Kümmel, Salz / Mehl / Sauerrahm / Schmalz / Petersilie*

Schweinsbauch in Längsrichtung drei mal teilen und danach blättrig schneiden / Rüben, Knoblauch und Zwiebel ebenfalls blättrig schneiden / Schmalz erhitzen / Zwiebel und Knoblauch darin rösten / Fleisch würzen / zugeben / die Rüben beimengen / etwas Wasser angießen / alles weichdünsten / mit Sauerrahm und Mehl binden / mit Petersilie vollenden.

Dunkler Grieß: *Grieß / Wasser / Salz / Butter*

In einem großen Topf den Grieß unter ständigem Rühren trocken hellbraun rösten / Wasser zugießen / zugedeckt ausziehen lassen / mit einer Gabel den Grieß lockern / Butter und Salz einfügen.

ECKIGE ZWETSCHKENKNÖDEL

Knödel: *mehlige Kartoffeln / Ei / Grieß / Mehl / Zwetschken / Rahm / Butter / Staubzucker*

Kartoffeln kochen / passieren / mit Mehl, Grieß und Ei zu einem Teig verarbeiten / Zwetschken waschen und in den Teig einschlagen / in einer Rein Butter zergehen lassen / die Knödel darin wenden und nebeneinander in die Rein setzen / bei mittlerer Hitze backen / gegen Ende der Garzeit Rahm mit Ei versprudeln und über die Knödel gießen / stocken lassen / anzuckern und servieren.

Gebackene Zwetschkenknödel

LEBERTÖPFCHEN MIT SAUREM FRUCHTSALAT UND ROSEN-MARMELADE (8 Personen)

Lebertöpfchen: *250 g (etwa 20 Stück) Hühnerleber / 1 Kl. Salz / 1/2 Kl. Honig / 1 Msp. Dijonsenf / 1 Zehe Knoblauch / 1 kinderfaustgroße Zwiebel / 1Kl. gehackter Majoran, Petersilie, Thymian, Rosmarin / 1 Lorbeerblatt / 5 Pfefferkörner / 1 Msp. Kümmel / 1 El. Olivenöl / 2 cl Madeira, roter Portwein, Rotwein / 1/8 Butter / 1 Ei / 1 Dotter / 32 Scheiben hauchdünn geschnittener fetter geräucherter Speck*

Leber salzen / Zwiebel und Knoblauch fein hacken / in Olivenöl anschwitzen / Gewürze / Alkoholika beifügen / reduzieren lassen / Leber und Reduktion fein faschieren / mit dem Ei mixen / die lauwarme flüssige Butter langsam einmixen / passieren / kleine Töpfchen (Kaffeetassengröße) mit Speck auskleiden / die Lebermasse einfüllen / mit Speck verschließen / dicht mit Klarsichtfolie einpacken / im Wasserbad bei 100 Grad 30 Minuten pochieren.

Saurer Fruchtsalat: *16 Stück Zwetschken / 8 Stück Nagelwitzbirnen / 1 kinderfaustgroßer Grafensteiner Apfel / 8 Ringlotten / 16 Weichseln / einige Weintrauben / einige Johannisbeeren und Ribisel / 10 El. gerebelte weiße Ribisel / 10 El. Zucker / 3 El. Essig / 12 El. Weißwein / 3 El. Apfelessig / 150 g Zucker / 2 Nelken / 1 Zimtstange*

Früchte entkernen / Apfel in Spalten schneiden / Ribisel und Trauben rebeln / Birne halbieren und Kerngehäuse entfernen / Weißwein, Apfelessig, Zucker und Gewürze aufkochen / reduzieren / heiß über die Früchte gießen / weiße Ribisel mit Zucker und Essig in der Küchenmaschine 15 Minuten rühren / mit einem Tuch den Saft auspressen und zu den Früchten geben / im Rexglas einen Tag stehen lassen.

Rosenmarmelade *siehe Seite 120*

Anrichten / lauwarm die Klarsichtfolie entfernen und das Töpfchen öffnen / den Fruchtsalat auf Schüsseln aufteilen / gemeinsam auf einem großen Teller servieren / die Rosenmarmelade einstellen.

Das Gericht / widerspiegelt die Farben des Herbstes. Die Leber cremig, feinwürzig und leicht herb. Animierend süß, sauer, fruchtig der Salat. Die Marmelade süß, duftig und mit einer blumigen Parfumnote.

»Ein extravagantes Gericht, das sich gut vorbereiten lässt und mit Sicherheit verblüfft.«

Rosenäpfel

INTERPRETATIONEN

ASCHENERDÄPFELSUPPE MIT ROSENÄPFELN (4 Personen)

Suppe: *4 große mehlige Kartoffeln / 1/2 l Hühnerfond / 1 Lorbeerblatt / 1 Msp. Kümmel / etwas Muskatnuss / Salz / 1/8 l Obers*

Kartoffeln mit der Schale in die Glut legen (oder im Backrohr bei großer Hitze bräunen) / wenn die Kartoffeln gar sind schälen / restliche Zutaten aufkochen / die Kartoffeln quetschen / mit einem Schneebesen sämig zerschlagen.

Rosenäpfel: *12 Stück Rosenäpfel / 2 El. Rapsöl / 1 Msp. gehackten Rosmarin / 1 Msp. Zucker / etwas Zitronenschale*

Die Rosenäpfel halbieren / entkernen / vierteln / mit den restlichen Zutaten in Rapsöl weich dünsten.

Anrichten / Suppe in einen Teller schöpfen / die Rosenäpfel oben auf die Suppe geben.

Die Suppe / blassgelb mit den orangen Punkten der Rosenäpfel. Voluminös, erdig, rauchig, mit der feinen, herben Säure der Rosenäpfel.

»Nach der Kartoffelernte wurden die trockenen Reben entflammt und darin Kartoffeln gebraten. Wer solche Erlebnisse genoss in dem werden durch diese Suppe Erinnerungen an die Kindheitstage wach.«

HAFEROMELETT MIT SELLERIEKO UND STEINPILZEN (4 Personen)

Omelett: *17 El. Haferflocken / 2 Eier / 1/8 l Milch / 1 El. geriebener Hartziegenkäse / Muskatnuss / Salz / 1 El. Quendel gehackt / Butterschmalz*

Haferflocken mit Dotter, Milch und Zutaten vermischen / quellen lassen / Eiweiß zu Schnee schlagen / unterheben / in einer Pfanne Butterschmalz erhitzen / kleine Omeletten backen.

Ko: *1 großer Sellerie / Salz / etwas Zucker / etwas Zitronenschale / 1/8 l Sauerrahm / 1 El. Leinöl / 1/16 Butter / 1 El. gehackte Petersilie*

Sellerie in vier Stücke teilen / und in Wasser mit Salz, Zucker und Zitronenschale zerkochen / überschüssiges Wasser wegleeren / Sellerie zerstampfen / mit Sauerrahm und Leinöl sämig rühren.

Steinpilze: *8 Stück Steinpilze mit 4 cm Größe / Olivenöl / Salz / Pfeffer / Quendel / 1 Knoblauchzehe / 1 El. gehackte Petersilie*

Steinpilze in Stücke schneiden / Knoblauchzehe andrücken / in einer Pfanne Olivenöl und Knoblauchzehe erhitzen / Knoblauch herausnehmen / Pilze einlegen und scharf anbraten / wenn die Pilze goldbraun sind / würzen / mit Petersilie bestreuen.

Anrichten / auf einen Teller das Omelett setzen / das Sellerieko daraufgeben / die Steinpilze darüber verteilen.

Das Gericht / goldbraun mit einer intensiven, üppigen Nase nach frischem, feuchtem Nadelwaldboden. Zu der Dominanz der Pilze ein feinsäuerliches, beigefarbenes Selleriepüree auf lockerem, getreidigem Omelett.

»Werden Steinpilze ganz natur gebraten, so entfalten sie am besten ihr unverwechselbares Aroma. Das Haferflockenomelett ist die schmackhaftere Version des Haferbreis.«

HECHT MIT ARTISCHOCKEN UND AUFGESCHLAGENER LEINÖL-ERDÄPFELSAUCE (4 Personen)

Hecht: *1 kleiner Hecht (40 cm) / Olivenöl / Salz / Koriander / 2 Scheiben fetter geräucherter Speck*

Hecht schuppen / in vier Teile teilen / mit dem in Streifen geschnittenen Speck spicken / würzen und in Öl rundherum bei mittlerer Hitze braten.

Artischocken: *4 Stück Artischocken / Salz / Zitrone / 1 Zweig Rosmarin / Butter / Muskatnuss*

Den Stiel der Artischocken herausbrechen / Blätter um ein Drittel abschneiden / äußere Blätter bis zu den fleischigen Blättern abschälen / in Salzwasser mit Zitronensaft und dem Rosmarinzweig weich kochen / herausnehmen / in kaltem Wasser abschrecken / die Blätter abschälen / das »Stroh« (Blütenhaare im inneren der Artischocke) entfernen / den Artischockenboden gemeinsam mit den Blättern in Butter schwenken / würzen.

Erdäpfelsauce: *1 Zwiebel / 1 Knoblauchzehe / 2 El. braune Butter / 1 große Kartoffel / 0,3 l Hühnerfond / 3 Dotter / 4 El.* Leinöl */ 1 Lorbeerblatt / 3 Pfefferkörner / 1 Muskatblüte / 1 Msp. Kümmel*

Zwiebel, Kartoffeln und Knoblauch in Scheiben schneiden / Lorbeerblatt, Pfefferkörner, Muskatblüte und Kümmel beigeben / mit Hühnerfond kochen und 1 Stunde ziehen lassen / abseihen / Eidotter zugeben / über Dampf dickschaumig aufschlagen / Öl und Butter langsam einfließen lassen.

Anrichten / auf ein ovales Teller den Artischockenboden arrangieren / die Blätter daraufsetzen / den Fisch daneben hinsetzen / die Sauce über die Artischocken nappieren / mit Schnittlauch bestreuen.

Das Gericht / Braun und Grau-grün sind bestimmende Farben. Geschmacklich dominieren erdige Komponenten. Die Artischocke gemüsig, zartbitter. Die Kartoffelsauce mollig, voll, luftig, leicht erdig, würzig. Der Hecht – kräftig schmeckendes, festes Fleisch, deutliche Raubfischnote, die sich ebenfalls zart-erdig bemerkbar macht.

»Artischocken werden im Mühlviertel erst seit kurzem kultiviert und bereichern den Speiseplan im Herbst. In Kombination mit dem Hecht und der Sauce schmeckt man die Leichtigkeit des jungen Herbstes.«

Artischocke

GEPÖKELTE OCHSENBRUST MIT ZWIEBEL-RÜBENGEMÜSE UND PÜREE
(8 Personen)

Ochsenbrust: *20-25 cm gepökelte Ochsenbrust / Butterschmalz / Lorbeerblätter / 4 große Zwiebeln / Mehl / Butter*

Ochsenbrust in heißem Butterschmalz anbraten / Zwiebel in Ringe schneiden / zugeben / goldbraun rösten / alles mit Mehl bestäuben / unter ständigem Rühren krusteln lassen / Wasser angießen / zudecken / im Rohr bei 200 Grad etwa 2 1/2 bis 3 Stunden schmoren / Fleisch ausstechen / die Sauce passieren / mit Butter montieren.

Püree: *8 Stück große mehlige Kartoffeln / Milch / 1/8 Butter / 1 kleiner Zweig Rosmarin / etwas Kümmel / Muskat*

Kartoffeln mit der Schale weich kochen / passieren / Rosmarin sehr fein hacken / Milch aufkochen / salzen / Muskatnuss und gemahlenen Kümmel zufügen / passierte Kartoffeln beimengen / mit einem Schneebesen kurz und glatt durchrühren / mit brauner Butter vollenden.

Rübengemüse: *4 Stück kinderfaustgroße weiße Rüben / 2 Stück Zwiebel / 1 El. gehackte Petersilie / 1 Kl. gehackter Zitronenthymian / 1 Msp. Kümmel / 1 Blatt Lustkraut / 1 El. Mehl / 2 El. Sauerrahm / etwas Rindsuppe / Distelöl*

Rüben und Zwiebeln schälen / beides in 1/2 cm starke Würfel schneiden / in Distelöl anbraten / Gewürze zugeben / mit Rindsuppe knapp bedecken / zugedeckt leise dünsten lassen / Sauerrahm mit Mehl versprudeln / in das Gemüse einrühren / aufkochen lassen / mit Petersilie, Lustkraut und Zitronentyhmian vollenden.

Anrichten / Fleisch aufschneiden mit der Sauce nappieren / das Püree mit einem Spritzsack aufdressieren / das Rübengemüse extra reichen.

Das Gericht / rot, braun, gelb und ockerfarben. Das Fleisch kräftig, würzig, weich mit Extrakt. Mollig, cremig mit feiner Nuss-Rosmarin-aromatik das Püree. Das Rübengemüse neutral, weich, sämig. Feinsäuerlich, mit frischem, grünem, würzigem Petersiliengeschmack und einem Hauch von Schärfe. Leicht an Kohl erinnernd.

»Das Rübenfleisch war früher nicht sehr beliebt. Hier die feinere Variante, die auch ausgesprochene ›Rübenfleisch-Gegner‹ überzeugen wird. Rindfleisch wurde früher öfters gepökelt, um es haltbar zu machen, da es unmöglich war, solche Mengen an Frischfleisch gleich aufzuarbeiten.«

LINZER SCHOKOMOUSSE-TÖRTCHEN

Eine Mischung bester Schokoladen und Nougat / speziell gebackene süße Brösel / Gewürze / daraus ein Mousse bereiten / Obers unterheben / kleine Förmchen mit einem Schokoladering auskleiden / Moussemasse einfüllen / stocken lassen / passierte Ribisel obenauf streichen / mit Mousse abdecken / mit Mandeln bestreuen / erkalten lassen / herausstürzen / mit einem Birnenröster anrichten / einen Teil der Birnen passieren und als Sauce zugeben.

Das Gericht / die Optik einer kleinen Linzer Torte. Zartsüß, cremig, nussig mit feiner Zimt-Nelkenaromatik. Der feinfruchtige süße Birnenröster ergänzt den Geschmack des Törtchens.

»Eine andere Rezeptur der Linzer Torte, die nur durch Aussehen und Geschmack, nicht jedoch durch Konsistenz an das Original erinnert.
Eine zart cremige Verführung.«

Linzer Schokomousse

OKTOBER

Die letzten Köstlichkeiten wie Kartoffeln, Nüsse, Kraut und Rüben werden geerntet. Die Natur wandelt sich und trägt ihr schönstes Herbstkleid. Die allerletzten Sonnentage warm und goldgelb anmutend, sind bereits sehr kühl. Sie werden genützt, um die letzten Gaben aus Wald, Wiese und Garten einzubringen – Äpfel, voll ausgereift und duftig, pelzige Quitten, frisch nach Bienenwachs riechend, sowie die letzten Zwetschken. Stark verrunzelt lachen sie keck vom blattlosen Baum. Mürbe und zuckersüß sind sie und werden herrliche Powidlmarmelade hervorbringen. Wohlige, vertraute Gerüche der Geborgenheit und Wärme ziehen durchs Haus. Allmorgendlich verhüllt ein dicker feuchter Nebelschleier die Landschaft. Um die Mittagszeit durchdringt die Sonne sanftmütig den ungemütlichen Schleier.
Wie verzaubert leuchtet der Wald, goldfarben und rot abgerundet mit einem satten Grün der Nadelbäume. Der Wind spielt mit dem abgeworfenen Laub und beschert uns ein leuchtendes, raschelndes und herrliches, duftendes Spiel. Süßlich, feucht, etwas modrig – hochherbstlich. Wenn sich die Sonne mit sattem Bernsteingold verabschiedet, zieht der Nebel mystisch und langsam aus seinem Versteck hervor, um alles wieder in seine sanfte Gewalt zu bringen. Die Felder treten nun vereinsamt zum Winterschlaf an. Gelegentlich trotzt noch die Frühsaat mit mattem Grün und lässt uns hoffen.
Das Land atmet schwer.

TRADITIONELLES

ASCHENERDÄPFEL MIT BUTTER

Erdäpfel: *Butter / Erdäpfel / Salz*

Erdäpfel waschen und in die Glut legen / wenn der Erdapfel gar ist, herausnehmen und halbieren / mit einem Löffel den Inhalt herauskratzen / Butter daraufgeben und salzen.

»Bei der Erdäpfelernte wurden die trockenen Reben entfacht und darin Kartoffeln gebraten.«

BRÖSELSUPPE

Suppe: *Brösel / Schmalz / Fleischsuppe / Salz / Petersilie / Sauerrahm*

Brösel in Schmalz rösten / mit der Fleischsuppe aufgießen / mit Petersilie und Sauerrahm vollenden.

HASE MIT LINSEN UND SCHWEMMKNÖDEL

Hase: *Wildhase in Stücke gehackt / Wurzelwerk / Zwiebel / Rotwein / Wacholder / Salz / Pfeffer / Lorbeer / Boazkraut*

Hase mit den Zutaten für einige Tage in die Beize legen / danach herausnehmen / Fleisch und Gemüse abtropfen lassen / danach beides scharf anbraten / Beize angießen und im Rohr schmoren lassen / wenn das Fleisch weich ist, ausstechen und das Gemüse mit der Sauce passieren / abschmecken.

Linsen: *Linsen / Schmalz / Zwiebel / Bauchspeck / Mehl / Sauerrahm / Petersilie*

Linsen einweichen / kochen / mit den Zutaten einbrennen

Schwemmknödel: *Butter / Eier / Grieß / Salz / etwas Rahm / kaltes Wasser*

Butter mit den Eiern abtreiben / Grieß, Rahm und kaltes Wasser zugeben / gut vermischen / Knödel formen / in sprudelndes Wasser einkochen / kochen lassen / danach mit Wasser abschrecken und zugedeckt – weg vom Feuer – aufquellen lassen / herausnehmen und mit heißer Butter übergießen.

HOLLERKO

Ko: *Hollerbeeren / Zwetschken / Birnen / Zucker / Zitronenschale und -saft / Nelken / Zimtstange / Milch / Mehl*

Zucker karamelisieren / mit Zitronensaft ablöschen / die Hollerbeeren zugeben / geviertelte Zwetschken und gewürfelte Birnen sowie die Gewürze zugeben / alles kochen lassen / Mehl mit Milch versprudeln / Ko damit binden.

INTERPRETATIONEN

SELLERIE IN ESSIG UND ÖL MIT GEWÜRZQUITTEN (4 Personen)

Sellerie: *1 große Knolle Sellerie / Saft einer Zitrone / Salz / Zucker / Nussöl / Leinöl / Distelöl / Apfelessig / 16 Stück Walnüsse*

Sellerie schälen / in dünne Scheiben schneiden / knapp mit Wasser bedecken / Zitronensaft und Gewürze beigeben / weich kochen / im Sud auskühlen lassen / etwas Essig und die Öle im gleichen Verhältnis zugeben / einen halben Tag marinieren lassen.

Quitten: *3 Stück Quitten / 50 El. (1/2 kg Zucker) / 1/2 l Rotweinessig / 3 Zimtstangen / 1/4 Zitrone / 1 kleine Ingwerwurzel / 2 El. Gewürznelken / 2 Lorbeerblätter / 1 Mkl. Korianderkörner / 1 Mkl. Senfkörner*

Quitten waschen / in einem Topf mit Deckel fast weich schmoren / schälen / in 1/2 cm große Würfel schneiden / Zutaten aufkochen / Quittenwürfel zugeben / nochmals aufkochen lassen / Quittenwürfel im Sud erkalten lassen / in Gläser füllen / Sud etwas reduzieren und über die Würfel gießen.

Anrichten / Sellerie kreisrund auf einen Teller legen und mit dem Sud bedecken / Walnüsse darüberstreuen / Quittenwürfel abtropfen lassen / in die Tellermitte setzen.

Das Gericht / ockerfarben mit blassroten Punkten / leichte, erfrischende, feinsäuerliche, gemüsige Schärfe des Selleries gepaart mit den honigaromatischen, süß-sauren, exotisch duftenden Quitten.

»Die fleischlose Version der sauren Wurst.«

WEISSE RÜBENSUPPE MIT NAGEWITZBIRNE (4 Personen)

Suppe: *2 große weiße Rüben / 3/4 l Hühnerfond / 1/4 l Schlagobers / Salz / Muskat / etwas Kümmel / 8 Stk. Nagewitzbirnen / 1 kinderfaustgroße Zwiebel / Rapsöl*

Zwiebel schälen / würfeln / in Rapsöl glasig werden lassen / Rüben schälen / 4 Stk. Birnen entkernen / beides würfeln / die Zwiebel zugeben / mit Hühnerfond aufgießen / weichkochen / Obers beimengen / mixen / passieren / abschmecken.

Birnen: *20 Nagewitzbirnen / 1/2 l Essig / 1/2 l Wasser / 50 El. (1/2 kg) Zucker / 4 Lorbeerblätter / 1 Kl. Piment*

Alle Zutaten, ausgenommen Birnen, aufkochen / Birnen zugeben / nochmals aufkochen / heiß in Rexgläser füllen / sofort verschließen.

Anrichten / Suppe aufschäumen / in die Mitte des Tellers die Birne setzen / Suppe eingießen / mit Öl garnieren.

Die Suppe / beigefarben, sämig, leichte Rübenschärfe, süßliche Erdigkeit.

»Eine meiner Lieblingscremesuppen, weil sie einfach gut ist und doch neue Geschmäcker auf unsere Gaumen bringt.«

INTERPRETATIONEN

eingemachte
Zucchini

GEBACKENES LUMPLKO MIT EINGEMACHTEN ZUCCHINI
(8 Personen)

Lumplko: *Innereien von einem Lamm / 2 kinderfaustgroße Zwiebeln / 4 Zehen Knoblauch / 4 Karotten / 2 gelbe Rüben / 1 Sellerie / Salz / Kümmel / 1 Zweig Rosmarin / 1 El. gehackter Quendel, Bohnenkraut, Maggikraut, Majoran*

Alle Zutaten gemeinsam weich kochen/ Innereien und Gemüse aus dem Sud nehmen/pressen/nach Erkalten feinnudelig schneiden/gemeinsam mit dem Sud fast zur Gänze einkochen/hat der Sud zu wenig Gelierkraft, 6 Bl. Gelatine zugeben/alles in eine Form füllen und pressen/vollständig erkaltet stürzen/ in Scheiben schneiden/panieren/ausbacken.

Zucchini: *8 Stk. Zucchini (etwa 1 kg) / 3 große Zwiebeln / 1 roter, 1 gelber Paprika / 1/4 Knolle Sellerie / 1/4 l Wasser / 1/2 l Essig / 3 Kl. Salz / 4 Knoblauchzehen / 1 Kl. Senfkörner / 1 Kl. Piment / 1 Kl. Pfefferkörner / 2 Lorbeerblätter / 10 El. Kristallzucker*

Aus Wasser und den Gewürzen einen Sud kochen/Zucchini und Sellerie in Scheiben schneiden/Zwiebeln in Ringe schneiden/Paprika in Streifen schneiden/alles zum Sud geben/aufkochen lassen/im Sud erkalten/Distelöl zugeben.

Anrichten/auf einen Teller Zucchini geben und das gebackene Ko dazuplatzieren.

Das Gericht / pikant, feinsäuerlich, würzig und mit Biss der Salat. Voluminös, zart mürbe, leicht herb mit Kräuteraromatik in einer knusprigen Hülle das Ko.

»Ursprünglich ist das Ko nicht gebacken. Da es nur gekocht nicht besonders anregend aussieht, habe ich es gepresst und gebacken. Entstanden ist eine herzhaft schmeckende Vorspeise, für die sich der Aufwand jedenfalls lohnt.«

DONAUAAL MIT SCHLEHENZWIEBELN UND HASENÖHRL
(4 Personen)

Aal: *2 Stk. Aal mit etwa 500 g / Salz / Pfeffer / Olivenöl / Mehl*

Aal häuten und entlang des Rückgrates filetieren/die vier Filets zu einer Schnecke rollen/mit einem Zahnstocher fixieren/würzen/mehlieren/im heißen Öl anbraten/im Rohr bei 170 Grad 8 Minuten fertigbraten.

Zwiebeln: *3 kinderfaustgroße Zwiebeln / Schlehen-Rotwein / 1/4 l Kalbsfond / 1/4 l Rotwein / 1/16 l Johannisbeersaft / 1/8 l Fischfond / Salz / Zucker / Distelöl*

Zwiebeln schälen/in Ringe schneiden/ in Distelöl glasig werden lassen/mit Kalbsfond, Rotwein, Johannisbeersaft, und Fischfond aufgießen/würzen/ langsam einkochen lassen/öfters umrühren/ist die Flüssigkeit fast verdampft, den Schlehen-Rotwein zugeben.

Schlehen-Rotwein: *1 Kl. Zucker / 1 Kl. Essig / 1 El. Estragon gehackt / 2 El. Butter / 8 El. Schlehen / 1/16 l roter Portwein / 1/8 l Rotwein*

Zucker karamelisieren/mit dem Essig ablöschen/alle Zutaten zufügen/reduzieren/passieren.

Hasenöhrl: *10 gehäufte El. Mehl / 1 Ei / Salz / 2 Msp. Backpulver / 1/4 Becher Sauerrahm*

Alle Zutaten vermischen und rasten lassen/dünn ausrollen/Dreiecke ausschneiden/im heißen Fett ausbacken.

Anrichten/Zwiebel auf dem Teller verteilen, den Aal daraufsetzen und das Hasenöhrl dazuplatzieren.

Das Gericht / violett ist die bestimmende Farbe. Der Fisch mit seinem festen, intensiven Fleisch harmoniert bestens mit der fruchtig herben, feinsäuerlichen Zwiebel.

»Hasenöhrl wurden immer als Süßspeise gegessen. Hier einmal als Beilage, weil sie unaufdringlich das kräftige Gericht ergänzen.«

HIRSCHRÜCKEN IN DER HOLLERBEIZE MIT ZUCKERRÜBEN UND Z'SAMMG'LEGTEN KNÖDELN

Vom Hirschrücken Häute entfernen / mit Wildgewürz einreiben / Rotwein und Selleriewurzeln sowie Hollerbeeren aufkochen / auskühlen lassen / Hirschrücken hineinlegen / kühl 5 Tage ziehen lassen / herausnehmen / salzen / anbraten / im Rohr fertiggaren / rasten lassen / aufschneiden.

Sauce / Wildjus gemeinsam mit der Beize reduzieren / mit Butter und Nussöl montieren.

Zuckerrüben / waschen, schälen / blättrig schneiden / in Butter und etwas Hühnerfond weich dünsten / Lavendelblüten zufügen / einen Schuss Essig beifügen / mit Rahm vollenden.

Z'sammg'legte Knödel: festen Strudelteig fertigen / das Rübengrün julienne schneiden / mit etwas Zwiebeln dünsten / mit Grieß binden / Strudelteig ausrollen / Quadrate schneiden / Fülle daraufsetzen / links und rechts zusammenschlagen / kochen / in Butter schwenken.

Anrichten / Rüben auf einen ovalen Teller geben / Knödel daneben setzen / Fleisch auf die Rüben platzieren / mit der Sauce nappieren.

Das Gericht / das Fleisch zart-mürb mit feiner herber Fruchtaromatik. Die Sauce vollmundig, kräftig, dunkelrot – fast schwarz. Süßlich, rübig, erdig, ungestüm das Gemüse. Die Knödel weich mit an Spinat erinnernder Fülle.

»In einem alten Kochbuch entdeckte ich, dass Zuckerrüben nicht nur zur Zuckergewinnung, sondern auch als Gemüse verwendet wurden. Selbst die ledrigen, grünen Blätter wurden zu Rübenspinat verarbeitet. Zu Wildgerichten eignet sich die eigenwillig-süß schmeckende Rübe am besten.«

INTERPRETATIONEN

GRÜNE PARADEISER MIT KINDSKOCH UND GOLDMELISSE
(4 Personen)

Grüne Paradeiser: *15 Stk. grüne Paradeiser / 1 1/2 l Wasser / 100 El. (1 kg) Zucker / 2 Stangen Zimt / 1 Vanilleschote / 1 El. Nelken / 1 Ingwerknolle / Saft von 3 Zitronen / Schale von 1 Zitrone und Orange / Essig / Wasser*

Die Paradeiser waschen / in Scheiben schneiden / Wasser und Essig aufkochen / Paradeiser darin blanchieren / abtropfen lassen / aus den anderen Zutaten einen Sud kochen / Paradeiserscheiben zugeben / aufkochen lassen / heiß in Gläser füllen.

Kindskoch: *4 El. Mehl / 1/3 l Milch / 1/8 Butter / 3 Dotter / 2 El. Zucker / 2 El. Goldmelissenblätter / Zimt / Vanille / süße Brösel / 3 Eiklar Schnee / Goldmelissenblätter als Garnitur*

Milch mit den Goldmelissenblättern aufkochen / einen halben Tag stehen lassen / abseihen / Milch aufkochen / Mehl einsieben / dicklich einkochen / überkühlen lassen / Butter weiß aufschlagen / Dotter und Zucker sowie die Gewürze zufügen / Mehlkoch einarbeiten / Eischnee unterheben / Förmchen buttern / mit süßen Bröseln ausstreuen / Masse einfüllen / im Wasserbad im Rohr bei 180 Grad ca. 20-25 Minuten backen.

Anrichten / Paradeiser ringförmig anrichten / das Kindskoch in die Mitte stürzen / mit Melissenblättern garnieren / eventuell mit Vanillesauce nappieren.

Das Gericht / mollig, zart flaumig, voll von süßer Würzigkeit und von einem Hauch süßer, blumiger Zuckerlaromatik das Kindsko. Die Paradeiser fruchtig süß, feinsäuerlich exotisch, süße Grüne.

»Ein Paradebeispiel dafür, dass die Heimat exotisch schmecken kann. Kindskoch hieß es, weil es ein sehr üppiger Brei war. Als Auflauf finden Sie hier die leichtere Version. Die Goldmelisse kombiniere ich deshalb dazu, weil den Kindern zum Schlafen meist eine Goldmelissenmilch gereicht wurde.«

Goldmelisse

NOVEMBER

Es scheint alles stillzustehen. Unaufhaltsam kriecht die feuchte und abstoßende Kälte in unser Gemüt. Einzige Abwechslung bringt ein nahender erster Schneefall. Die Luft wirkt kälter, frischer, reiner.
Der Nebel weicht dem neuen Zauberkleid der Natur. Wattig, weiß und wärmend legt sich der Schnee als Schlafdecke über die Landschaft. Vereinzelt trotzt noch so manches Grün dem ersten Weiß.
Die Bäume haben sich entkleidet und präsentieren stolz ihren Aufbau.
Die Lärchennadeln, noch vor kurzem bernsteinfarben, rieseln nun endgültig zu Boden. Zu Martini werden Gänse zubereitet. Würzig fett zieht sich ihr Duft durch das Haus. Der erste Heurige Wein wird verkostet. Die Vorratskammern sind voll. Der Winter kann kommen.

TRADITIONELLES

G'SELCHTE SAUMAISEN

Maisen: *mageres und fettes Schweinefleisch / Zwiebel / Knoblauch / Salz / Pfeffer / Paprika / Schweinsnetz*

Alle Zutaten mehrmals durch die feinste Scheibe des Faschierwolfes drehen / Masse einen halben Tag stehen lassen / kleine Laibchen formen und in ein Schweinsnetz einschlagen / mit Spagat zusammenbinden und einige Tage kühl selchen / aus der Selch nehmen und fertigbraten / kalt oder warm essen.

GANSLJUNGES

Suppe: *Innereien von der Gans / Gänserücken / Zwiebel / Knoblauch / Kümmel, Salz, Majoran / Wurzelwerk / Ganslschmalz / Mehl / Sauerrahm / Petersilie*

Innereien mit dem Wurzelwerk und Wasser aufstellen / leise kochen lassen bis das Fleisch weich ist / in einem Topf Zwiebel in Schmalz rösten / Mehl zugeben / mit der Suppe aufgießen / auskochen lassen / Innereien und Gemüse etwas zerteilen und in die Suppe zurückgeben / mit Sauerrahm und Petersilie vollenden.

Saumaisen

GANSLBRATEN MIT BÖHMISCHEN KNÖDELN

Gansl: *Gansl ohne Innereien / Salz / Kümmel / Majoran / Pfeffer / Zwiebel / Äpfel*

Gansl innen und außen würzen / den Bauch mit Zwiebeln und Äpfeln füllen / langsam im Rohr goldbraun und weich braten / eventuell etwas Wasser für das Saftl angießen.

Knödel: *Semmelbrotwürfel / Mehl / Eier / Germ / Salz / Butterschmalz / Milch*

Brotwürfel in Schmalz goldbraun rösten / mit Mehl, Milch, Eiern und Germ einen dicken Teig anschlagen / die Brotwürfel einarbeiten / Teig in eine Serviette einschlagen / fest zubinden / kochen.

KUHHÄUTE MIT NÜSSEN UND HONIG

Kuhhäute: *Kartoffeln / Mehl / Ei*

Kartoffeln kochen / schälen / passieren / mit Mehl und Ei zu einem Teig verarbeiten / dünn und rundlich ausrollen / auf einer gereinigten Ofenplatte oder in einer großen Pfanne ohne Fett backen / lagenweise mit dem Nuss-Honiggemisch bestreichen und übereinander setzen / noch heiß essen.

SAUERKRAUTWANDL MIT RÄUCHERFORELLE (8 Personen)

Sauerkrautwandl: *1 kleiner ganzer Krautkopf gesäuert / 4 Stk. Räucherforellen / 4 Stk. Kartoffeln / 12 Bl. Gelatine / 1 El. gehackter Majoran / 1 Msp. Kümmel*

Räucherforellen filetieren / Gräten und Haut für den Sud aufheben / Kartoffeln schälen / in Scheiben schneiden / Krautkopf in einzelne Blätter zerteilen

Räucherfischsud: *1 kinderfaustgroße Zwiebel / 1 Lorbeerblatt / Korianderkörner / Salz / Pfefferkörner / Petersilienstengel / Wasser*

Alle Zutaten gemeinsam 30 Minuten leise köcheln.

Kartoffelscheiben im Räucherfischsud weich kochen / herausnehmen / 1/2 l Sud mit Gelatine versetzen / eine Terrinenform mit Klarsichtfolie auslegen / Sauerkrautblätter hineinlegen / schichtweise Kartoffelscheiben, Räucherforellenfilet, Krautblätter hineinschlichten / mit dem Sud knapp bedecken / mit Kraut und Folie abschließen / leicht pressen, damit möglichst wenig Sud zwischen den Schichten bleibt / erkalten lassen / in Scheiben schneiden.

Garnitur: *8 kleine Äpfel / 1/2 Becher Sauerrahm / Salz / 1 Kl. Wacholderkörner / 8 kleine Kartoffeln / Butter*

Die Äpfel im oberen Drittel kappen / aushöhlen / Sauerrahm mit Salz und geschroteten Wacholderbeeren vermischen / die Äpfel damit füllen / Kartoffeln mit einem Rezi waschen, damit ein Großteil der Schale sich löst / im Rohr weich garen / aufdrücken / mit Butterflocken belegen.

Anrichten / Wandl aufschneiden / gefüllten Apfel und Kartoffel dazusetzen.

Das Gericht / das Wandl schnittfest, würzig, rauchig, säuerlich mit feinem Fischgeschmack. Der Apfel rotbackig, knackig mit würzig-herbem Inhalt.

»Das Standardessen Erdäpfel und Kraut in einer Vorspeise fein verpackt.«

GANSLEINMACHSUPPE MIT BRÖSELKNÖDEL (8 Personen)

Suppe: *1 1/2 l Ganslsuppe (siehe Seite 119) 1/4 l Obers / 1/4 l Sauerrahm / 1 Karotte / 1/4 Sellerie / 1 kinderfaustgroße Zwiebel / 1 Zehe Knoblauch / 1 El. gehackter Majoran / 1 El. gehackte Petersilie / 1/8 Butter / 4 El. Mehl / 1 El. Ganslschmalz / etwas gemahlener Kümmel / Salz / Pfeffer / von den Knochen abgelöstes Ganslfleisch*

Zwiebel, Karotten, Knoblauch und Sellerie würfeln / Ganslschmalz erhitzen / Zutaten darin anschwitzen / Butter zugeben / mit 3 El. Mehl stauben / kurz rösten / mit Ganslsuppe und Obers aufgießen / würzen / leicht kochen lassen / Sauerrahm mit Mehl versprudeln / in die Suppe einrühren / aufkochen lassen / mit Kräutern und feingehacktem Ganslfleisch vollenden.

Knödel: *schwach 1/8 Butter / 1 Dotter / 1 Ei / 38 El. Semmelbrösel / 3-4 El. Milch / Salz / Muskat*

Butter weiß aufschlagen / Eier nach und nach zugeben / Brösel leicht anfeuchten / Brösel in die Masse einarbeiten / würzen / 2 Stunden ziehen lassen / kleine Knödel formen / in der Einmachsuppe einkochen / simmern lassen, bis die Knödel obenauf schwimmen.

Anrichten / in einen Suppenteller gießen / Knödel hineinsetzen / mit Kräutern garnieren.

Die Suppe / sämig, vollmundig mit feinem Gemüse-, Gansl- und Buttergeschmack. Die Kräuter bringen frische, saftige Würzigkeit in die Suppe.

»Die Zubereitung habe ich von einem alten Rezept übernommen und dabei Gemüse zugefügt und die Mehlmenge reduziert. Eine gern gegessene, herzhafte Suppe.«

INTERPRETATIONEN

O'GATSCHTER KOHL MIT ERDARTISCHOCKEN UND SAUMAISEN (4 Personen)

Kohl: *1 mittelgroßer Kohlkopf / gemahlener Kümmel / Salz / Pfeffer / 1/8 Butter / Leinöl / etwas Zitronenschale / 1 El. getrocknete Steinpilze*

Kohl zerteilen / Strunk entfernen / würfeln / in sprudelndem Salzwasser zerkochen / herausnehmen / abtropfen lassen und gut auspressen / würzen / getrocknete Steinpilze reiben / zugeben / Butter in kleine Würfel schneiden / Butter in die heiße Kohlmasse einmontieren / der Kohl muss zerfasern und »gatschig« werden.

Erdartischocken: *4 große Erdartischocken / etwas Distelöl / 1 Knoblauchzehe angedrückt / 1 Msp. Kümmel / 1 kleiner Zweig Rosmarin / Salz / Pfeffer / Muskat*

Drei Stück Erdartischocken in Würfel schneiden / Öl erhitzen / Knoblauch zufügen / Erdartischocken beigeben / restliche Zutaten beimengen / mit einem Deckel im Rohr bei 180 Grad weich schmoren / die verbleibende Erdartischocke dünn hobeln und knusprig zu Chips frittieren.

Saumaisen: *kaufen Sie die Maisen bei Ihrem Fleischhauer*

Anrichten / Kohl lauwarm in die Mitte des Tellers setzen / Erdartischocken und Chips darüber verteilen / nach Belieben die Saumaise dazureichen.

Das Gericht / voluminös, mächtig, grün cremig, mild, mit zarten süßlichen Röstaromen und einem Hauch von pilzigem, angenehm modrigem Ton. Die Saumaisen würzig, rauchig.

»Bei diesem Gericht können die Saumaisen durchaus weggelassen werden, da der Kohl an sich schon eine wunderbare fleischlose Mahlzeit darstellt.«

KARPFEN MIT VANILLE-KNOBLAUCH (4 Personen)

Karpfen: *2 Karpfen / 1 kinderfaustgroße Zwiebel / 2 große Karotten / 4 Zehen Knoblauch / 1 Vanilleschote / 1/2 l Hühnerfond / 1 El. Zucker / 1 El. Weißwein / 2 El. Apfelessig / 1 Msp. Pfefferkörner / 1 Lorbeerblatt / 1 Msp. Senfkörner / 1 Msp. Korianderkörner / Schale von einer Zitrone / Salz / Pfeffer / Korianderschrot / Mehl / Fett zum Ausbacken*

Karpfen filetieren / Fleisch in dünne Streifen schneiden / mit Salz und Korianderschrot würzen / stehen lassen / Karotten und Zwiebel würfeln / Knoblauchzehe andrücken / alles in Butter anbraten / gehackte Karpfengräten zufügen und so lange rösten, bis die gesamte Flüssigkeit verdampft ist / Zucker einstreuen / mit Wein und Essig ablöschen / Hühnerfond und die Gewürze zufügen / kochen lassen / durch ein feines Tuch abseihen / reduzieren / mit etwas geriebenen Kartoffeln binden / nochmals seihen / Fett erhitzen / Karpfenfleisch mehlieren und heiß frittieren / abtropfen lassen.

Vanille Knoblauch: *4 Häuptel Knoblauch / eine Vanilleschote / Salz / Muskat / Butter / etwas Obers*

Knoblauch schälen / in leichtem Salzwasser 30 Minuten kochen lassen / Wasser wegleeren / Knoblauch mit kaltem Wasser nochmals aufstellen und wieder 30 Minuten kochen lassen / den Vorgang fünf mal wiederholen / beim letzen Durchgang ausgeschabte Vanilleschote zufügen / Wasser nochmals ableeren / Knoblauch heiß passieren / etwas Obers zufügen und mit Butter montieren / mit Salz und Vanillemark abschmecken.

Anrichten / Karpfen und Saucen in drei Schüsseln aufteilen und auf einen Teller setzen.

Das Gericht / unspektakuläre Optik mit verblüffend mild aromatischem Knoblauch, angenehmem Fischgeschmack mit Röstaromen und einer intensiven süßlich sauren Fischsauce.

»Ein Gericht, fernöstlich angehaucht, aus heimischen Produkten.«

INTERPRETATIONEN

GESCHMORTE GÄNSEKEULE MIT KÜRBIS-SELLERIE UND BÖHMISCHEN KNÖDELN

Von den Gänsen die Keule ablösen / mit Salz / Pfeffer / Majoran / Kümmel würzen / in heißem Öl rundherum braun anbraten / Karotten-, Zwiebel-, Äpfel-, und Selleriewürfel zufügen / Majoranzweig beilegen / etwas Ganslfond zugießen / zugedeckt im Rohr weich schmoren / ausstechen / Sauce mit einer Kartoffel binden / passieren.

Kürbis-Selleriegemüse: *Muskatkürbis / Sellerie / Zwiebeln / würfeln und in Rapsöl anbraten / gehacktes Currykraut zufügen / mit Salz / Pfeffer / Muskat würzen / weichdünsten / mit Obers vollenden*

Böhmischer Knödel: *Weißbrotwürfel in Butter goldbraun rösten/einen Nockerlteig bereiten/Brotwürfel und Germ zugeben/eine Rolle formen und kochen*

Anrichten / die Keule auf dem Sellerie-Kürbisgemüse anrichten / die Sauce über die Keule nappieren / Knödel aufschneiden und dazulegen / mit frischem Majoran garnieren.

Das Gericht / orange-gelb und braun sind die bestimmenden Farben. Feinsäuerlich-mild das Gemüse. Butterweich, mager und mit typischem Ganslgeschmack die Keule. Der Knödel nach brauner Butter und Germ duftend, saugt die kräftige, schmierige Sauce auf.

»Beim klassischen Ganslbraten bleiben die Keulen meist zäh, darum verwende ich diese ausschließlich für Schmorgerichte.«

APFELSPEIS MIT KARAMELISIERTEN KUHHÄUTEN (4 Personen)

Apfelspeis: *8 große Äpfel (säuerliche und festkochende) / 4 El. Zucker / 1 Msp. Zimt / 2 El. Zucker / Mark einer Vanilleschote / etwas Zitronenschale / 1 Kl. Preiselbeeren / 1 El. geröstete gehackte Haselnußkerne / Staubzucker / 1 El. Butter*

Äpfel schälen / würfeln / Zucker karamelisieren / Butter zufügen und die Äpfel beimengen / dünsten, bis die Äpfel goldbraun sind / Preiselbeeren, Haselnüsse und Vanilleschote zugeben.

Kuhhäute: *Erdäpfelteig siehe Seite 119 Zimt / Staubzucker*

Erdäpfelteig mit Zimt vermischen und sehr dünn ausrollen / in einer Pfanne ohne Fett die dünnen Fladen backen / herausnehmen / dick mit Staubzucker bestreuen / bei starker Oberhitze karamelisieren

Anrichten / auf einem Teller Kuhhäute schichtweise, abwechselnd mit dem Apfelragout anrichten.

Das Gericht / knusprig-weich, süß-säuerlich, karamellig, aromatisch-würzig, fruchtig.

»Die Kuhhäute wurden früher auf der Ofenplatte gebacken.«

ERINNERUNGEN

Mühlviertler Kartoffelimpressionen

Sattgrüne Streifen ziehen sich über die Hügel, weben Muster ins Gewoge sommerlicher Felder. Kraftvoll und dicht streckt es dir die Reben entgegen, das Kartoffelkraut. Noch saugt es begierig die Wärme und Intensität des Sommers auf, um diese später weiterzugeben.
Wachstum im Verborgenen wird möglich. Kleine Erdhügelreihen unterstützen das geheime Werden, bringen klare Ordnung in die Üppigkeit des Wachsens.
Besonders in dieser Zeit war es wichtig, unser Augenmerk auf die satten Reben zu richten. Uns Kindern fiel diese wichtige Rolle zu, zugleich bescheidener Ferienverdienst. Grellgestreifte Käfer waren es, die dieses frische Kartoffelkraut liebten, deren höchste Lust es war, möglichst alle Blätter zu vernaschen. Gelb-schwarzgestreifte, glänzende Körperknöpfe waren es, die wir Kinder Stück für Stück einsammelten. Ein krabbelnder, lebendiger Haufen in einem Behälter, dennoch erstrebenswert, denn je größer die Menge solcher Zappelkäfer, desto höher der Lohn. So geschah es immer wieder, dass wir uns aufmachten, diese Kartoffelschädlinge zu beseitigen. Ein wenig vom Ekel erfüllt, doch stets meine Gedanken an die mir versprochene Belohnung richtend, bückte ich mich immer wieder nach Blattstauden, um sie umzudrehen und so die Käfer zu entdecken. Froh waren wir stets, wenn die Kartoffelkäfergefahr gebannt war.

Die Kartoffelfelder gerieten nun für einige Zeit in Vergessenheit. Im Stillen, Dunklen musste nun wachsen, was in einigen Wochen geerntet werden konnte.
Spätsommerliche Schatten webten neue Muster über die scheinbar traurigen Felder. Das satte Grün war matt geworden, bedeckte leblos das Schatzkästchen der Natur. Unzählige, erdig ummantelte Knollen purzelten aus der aufgeworfenen Erde. Wir Kinder waren kaum mehr zu halten, unsere Arbeit zu tun. Mit drahtgeflochtenen Kübeln ausgerüstet, sammelten wir die Kartoffeln ein, Stück für Stück. Es war ein herrliches Gefühl, in die weiche Erde zu greifen und zugleich eine Kartoffel zu erhaschen. Manchmal klaubten wir um die Wette und es schien, als würden wir nie müde werden. Die Fülle an Knollen, welche die Erde freigab und der Kartoffelberg, der immer höher wuchs, waren für mich faszinierend. Alle Sinne wurden munter, der Erdgeruch ließ mich weiterträumen hin zu dem Geruch, mit dem alles enden würde, nämlich dem von Feuer und Rauch.
Nach beendeter Kartoffelernte trugen wir die dürren Reben zusammen, schichteten einen großen Haufen auf und entfachten ein prasselndes Feuer. Langsam nur konnte es sich entschließen, richtig zu brennen. Vorerst qualmte und rauchte es unsere Köpfe ein, dass wir selber wie Kartoffelkraut rochen. Gebannt schauten wir zu, bis die Flammen über die Reben leckten und endlich das Feuer gleich gebündelten Fackeln emporloderte. Etwas gedulden mussten wir uns wohl, bis die Glut so weit war um darin Kartoffeln zu braten. Doch war es wirklich so weit, tat die Glut ihr Bestes um die Kartoffeln in

einen köstlichen Leckerbissen umzuwandeln. Mit Stöcken fischten wir diese Russkugeln aus der Asche und ließen diese in der bereits abendfeuchten Wiese abkühlen. Was verbarg sich hinter der verkohlten Kruste? Gelbes, mehliges, weiches Stärkekristallgewirr – ein abgerundeter Geschmacksgenuss. Wir setzten diesem noch einen Höhepunkt auf, indem wir Butterflöckchen und Salz zufügten. Eine Köstlichkeit für uns Kinder, unvergesslich bis heute. Träumend schauten wir in die glosende Glut, es war beinahe gespenstisch, wie allmählich die Dunkelheit unsere Gestalten verschluckte. Leer und aufgewühlt lag der Kartoffelacker nun da, die Erde war nur noch bereit, sich für den Winter Schollen überzustülpen. Die Kartoffeln aber rollten voll Übermut in den Lagerkeller. Ich dachte oft, wenn ich Kartoffeln in die Küche holte, ob diese wohl ahnen konnten, in welch köstliche Speisen sie sich verwandeln würden.

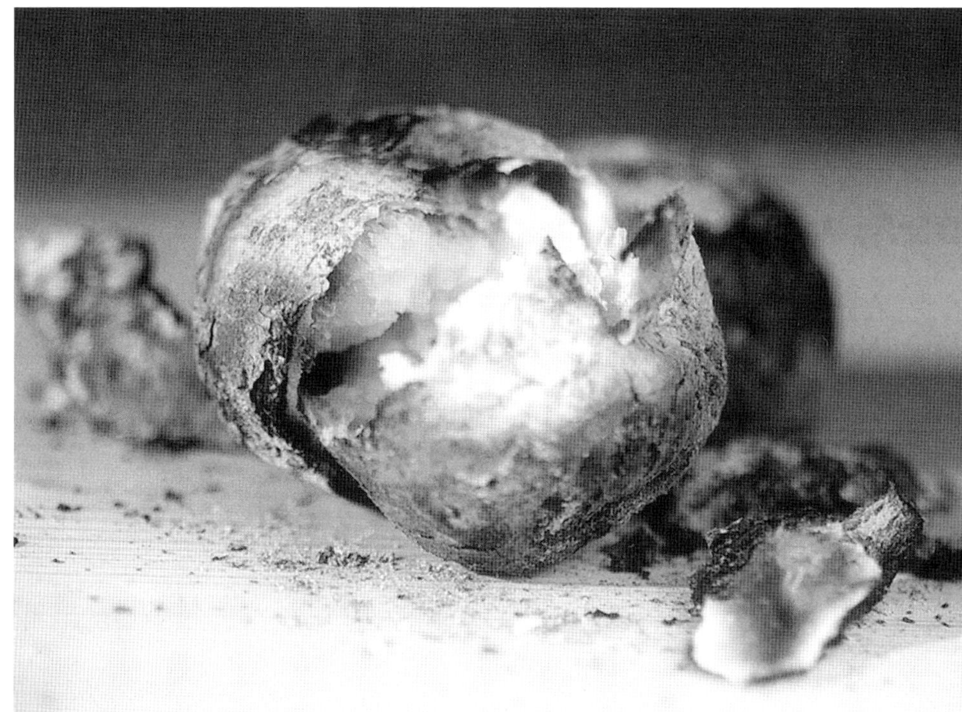

Aschenkartoffel

BROT

Nussbrot

33 El. (250 g) Weizenvollmehl / 29 El. (250 g Roggenmehl) / 8 El. Sauerteig / gut 1/2 Würfel Germ 1 Kl. Salz / 350-400 ml. Wasser / 1/2 Kl. Honig / 2 El. Walnüsse gebrochen / 1 Mkl. Koriander, Anis, Fenchel, Kümmel alles geschrotet

Die Hälfte des Mehls / Mulde bilden / Germ mit einem Drittel des Wassers (lauwarm) auflösen und in die Mehlmulde gießen / mit Mehl bedecken / aufgären lassen / restliche Zutaten beimengen / durchkneten / an einem warmen Ort gehen lasssen / der Teig muss sich etwa verdoppeln / Teig nochmals durchkneten / zu Laiben formen / um die Hälfte gehen lassen / 50 bis 60 Minuten bei mittlerer Luftfeuchtigkeit und 200 Grad backen.

Das Brot / dunkel, herzhafte knusprige Rinde mit mittelgroßen Poren. Vollmundig und würzig, nußig leicht klebrig, feinsäuerlich.

»Der Walnuss wurden wegen Ihrer an ein Gehirn erinnernde Form besondere Kräfte nachgesagt, daher eine kostbare Zutat.«

Leinölbrot

1/2 Würfel Germ / 2 gestrichene El. Salz / 450 ml warmes Wasser / 33 El. (250 g) Kamutmehl / 33 El. (250 g) Weizenmehl / 13 El. Leinsamenschrot / 50 ml Leinöl

Germ mit Salz und 100 ml warmem Wasser auflösen / restliche Zutaten beimengen und locker verrühren / nicht schlagen / 1-2 Stunden gehen lassen / eine Kastenform mit Backpapier auslegen / den Teig einfließen lassen / bei 220 Grad anbacken / nach 15 Minuten Hitze reduzieren / bei 180 Grad 45 Minuten fertigbacken.

Das Brot / ockerfarben, resche Rinde mit großen Poren. Aromatisch, leicht nussig-herb, ölig.

»Die Mühlviertler Antwort auf das italienische Ciabatta.«

Erdäpfelbrot

5 kinderfaustgroße Erdäpfel / 2 Kl. Salz / Muskat / 1 Würfel Germ / 0,2 l Milch / 99 El. (700 g) Mehl

Erdäpfel schälen / im Cutter sehr fein zerkleinern / Germ in lauwarmer Milch auflösen / mit den restlichen Zutaten zu einem glatten Teig verarbeiten / um die Hälfte gehen lassen / nochmals durchkneten / Striezel formen / gehen lassen / 250 Grad 15 Minuten / 200 Grad schwach 45 Minuten / bei starker Luftfeuchtigkeit backen.

Das Brot / blassgelb, mürbe Rinde mit feinen Poren. Neutral, leicht hefig.

»Erdäpfelbrot wurde meist in armen Familien, oder wenn das Mehl knapp wurde, gebacken.«

FOND

Grundbasis der guten Küche »Bereiten Sie Suppen und Fonds immer in größeren Mengen zu, da Sie mehr Substanz bekommen, die Zubereitung aufwendig ist und sich die Fonds problemlos einfrieren lassen.«

Rindsuppe (5 Liter)

2 Stk. Rindermarkknochen / 2 Stück Ochsenschlepp / 3 Rippen einer Schermrippe / 1 große Karotte / 1/4 Sellerie / 1 Petersilienwurzel / 1 kleines Stück Lauch / Petersilienstengel / 1 kleiner Zweig Lustkraut / 1 Lorbeerblatt / 5 Pfefferkörner / 1 Msp. Kümmel / 1 Knoblauchzehe / 1 El. Salz / 1 ungeschälter Zwiebel / etwas Öl.

Knochen und Ochsenschlepp in Öl hellbraun anbraten / halbierte Zwiebel in einer Pfanne stark bräunen / sämtliche Zutaten zu den Knochen geben / Wasser angießen / aufkochen lassen / wieder Wasser angießen / den Vorgang mehrere Male wiederholen / die Suppe sechs Stunden leise sieden lassen / abseihen.

Hühnersuppe (5 Liter)

Karkassen von 2 Hühnern / 1 große Karotte / 1/4 Sellerie / 1 Petersilienwurzel / 1 kleines Stück Lauch / Petersilienstengel / 1 kleiner Zweig Lustkraut / 2 Lorbeerblätter / 5 Pfefferkörner / 1 Msp. Kümmel / 1 Msp. Koriander / 3 Knoblauchzehen / 1 El. Salz / 1 geschälter Zwiebel / 1 Paradeiser

Alle Zutaten gemeinsam mit der Hälfte des Wassers aufstellen / aufwallen lassen / Wasser zugießen / vier Stunden leise sieden lassen / durch ein feines Sieb abseihen.

Paradeiserfond (gut 1 Liter)

1 kinderfaustgroße Zwiebel / 1 Knoblauchzehe / 5 El. Olivenöl / 5 Stück reife Paradeiser / Salz / Pfeffer / Zucker / 1 l Rindsuppe

Zwiebel, Knoblauch und Paradeiser grob würfeln / in Olivenöl andünsten / Gewürze zugeben / mit Rindsuppe auffüllen und drei Stunden simmern lassen / durch ein feines Sieb abseihen.

FOND

Gemüsefond (variabel)

Schalen und Abschnitte von Wurzelgemüse und Paradeisern / Salz / Muskatblüte / Kümmel / Zwiebel / Lorbeerblatt / 1 Knoblauchzehe / Pfefferkörner

Die Gemüseabschnitte knapp mit Wasser bedecken / 2 Stunden leise köcheln lassen / abseihen.

Fischfond (1 Liter)

Fischkarkassen von etwa 10 Forellen (andere Fische sind ebenfalls möglich) / 1 kinderfaustgroßer Zwiebel / 1 mittelgroße Stange Lauch / 1/2 Stangensellerie / 1/4 Fenchelknolle / Salz / 1 Msp. Kümmel, Korianderkörner, Pfefferkörner, Senfkörner / 3 Lorbeerblätter / Schale einer Viertel Zitrone / 1/8 l Wein / 1 l Wasser

Alle Zutaten gemeinsam aufstellen / aufkochen lassen / 30 Minuten leise köcheln lassen / abseihen.

Kalbsjus (3 Liter)

Knochen und Parüren von einem Kalbsrücken / Öl / 1 große Karotte / 1/4 Sellerie / 1 Petersilienwurzel / 1 kleines Stück Lauch / 1 Paradeiser / 1/8 l Rotwein / Gemüsefond / Butter / 2 El. Mehl / 1 kleiner Zweig Rosmarin / 1 Knoblauchzehe / Pfefferkörner

Knochen in einem Bräter in Öl goldbraun rösten / Knochen herausnehmen / Gemüse würfeln / rösten / Butter zufügen / bräunen / mit Mehl stauben / mit Rotwein ablöschen / Knochen zufügen und solange rösten, bis die Knochen glänzen / vollständig erkalten lassen / mit kaltem Wasser auffüllen und die restlichen Zutaten beimengen / langsam zum Kochen bringen / sechs Stunden köcheln lassen / abseihen / auf die gewünschte Menge, Farbe und Intensität reduzieren.

ERGÄNZENDE REZEPTUREN

Apfelminzgelee (schwach 1/2 l)

1/2 l Wasser / 2 handvoll Apfelminze / 2 handvoll Mentholminze / 30 El. Kristallzucker / 1 großer säuerlicher fester Apfel / 1 Pk. Zitronensäure / 10 Bl. Gelatine

Wasser und Zucker aufkochen lassen / überkühlen / Minzeblätter dazugeben / zugedeckt kühl drei Tage stehen lassen / abseihen / Apfel schälen und in kleine Würfel schneiden / etwas Saft aufkochen / Zitronensäure darin auflösen / Apfelwürfel darin dünsten / erkalten lassen / aufgelöste Gelatine und Apfel-Zitronensäuregemisch zum Saft geben / stocken lassen / im festen Zustand fein hacken.

Apfelminzsirup (1/2 l)

1/2 l Wasser / 2 Handvoll Apfelminze / 2 Handvoll Mentholminze / 30 El. Kristallzucker / 1 Pk. Zitronensäure

Wasser und Zucker aufkochen lassen / überkühlen / Minzeblätter dazugeben / zugedeckt kühl drei Tage stehen lassen / abseihen / etwas Saft aufkochen / Zitronensäure darin auflösen / Sud erkalten lassen und mit dem Sirup vermischen.

Apfelminzsorbet (8 Personen)

1/2 l Apfelminzsirup / 1/8 l Weißwein reduziert auf ein 1/16 Liter / 4 frische Eiweiß (oder pasteurisiertes Eiweiß)

Alle Zutaten im Mixer hellweiß aufschlagen und in einer Sorbetmaschine gefrieren lassen.

Bröselknödel (8 Personen)

Schwach 1/8 Butter / 1 Dotter / 1 Ei / 30 El. Semmelbrösel / 3-4 El. Milch

Butter hellgelb aufschlagen / Ei langsam einarbeiten / Semmelbrösel mit Milch befeuchten / Brösel in die Buttermasse einarbeiten / 1 Stunde stehen lassen / kleine Knödel formen und in eine leicht wallende Einmachsuppe einkochen / simmern lassen, bis die Knödel obenauf schwimmen.

Eingemachte Paradeiser
(zwei 1 Liter Rexgläser)

20 Stück golfballgroße grüne Paradeiser / 1 l Wasser / 30 El. Zucker (1/2 kg) / 2 Stangen Zimt / 1 Kl. Nelken / 2 Ingwerknollen / Schale von einer Orange und Zitrone / 1 Pk. Zitronensäure / etwas Essig

Paradeiser in Scheiben schneiden / in leichtem Essigwasser abkochen / abtropfen lassen / restliche Zutaten gemeinsam aufkochen / Tomatenscheiben zugeben und nochmals aufwallen lassen / heiß in Rexgläser füllen.

Erdäpfelteig (8 Personen)

4 faustgroße mehlige Kartoffeln / 1 Ei / 1 Dotter / 2 El. Maizena / 2,5 El. Grieß / 33 El. (250 g) Mehl glatt oder griffig – je nach Verwendung / Muskatnuss

Kartoffeln kochen / passieren / mit den Zutaten rasch zu einem glatten Teig zusammenkneten.
Für Nudeln und Knödel kalte Kartoffeln und griffiges Mehl verwenden.
Für Tascherl und Gnocchi warme Kartoffeln und glattes Mehl verwenden.

Ganslsuppe (5 Liter)

Karkassen und Innereien von einer Gans / 1 große Karotte / 1/4 Sellerie / 1 Petersilienwurzel / 1 kleines Stück Lauch / Petersilienstängel / 1 kleiner Zweig Lustkraut / 2 Lorbeerblätter / 5 Pfefferkörner / 1 Msp. Kümmel / 1 Msp. Koriander / 3 Knoblauchzehen / 1 El. Salz / 1 geschälte Zwiebel / 1 El. Majoran

Alle Zutaten gemeinsam mit der Hälfte des Wassers aufstellen / aufwallen lassen / Wasser zugießen / vier Stunden leise sieden lassen / durch ein feines Sieb abseihen.

ERGÄNZENDE REZEPTUREN

Hollunderblütensaft (5 Liter)

30 Hollerblüten / 5 l Wasser / 2 Orangen / 2 Zitronen / 175 El. (1750 g) Kristallzucker / 6 El. Zitronensäure

Hollerblüten von Ungeziefer befreien / mit kaltem Wasser übergießen / Zitronen und Orangen in Scheiben schneiden / zugeben / zugedeckt vier Tage kühl stehen lassen / abseihen / einen Teil des Hollerwassers mit Zucker und Zitronensäure aufkochen lassen / abkühlen / mit dem Hollerwasser gut mischen / in Flaschen abfüllen.

Rosenmarmelade (etwa 1/2 l)

Gut 2 l Rosenblätter / 42 El. Zucker / 6 El. Wasser / 3 El. Zitronensaft / 1 Tropfen Rosenwasser

Rosenblätter vorsichtig waschen / abwechselnd mit Zucker in einen Topf schichten / mit Wasser und Zitronensaft übergießen / langsam zum Kochen bringen / Vorsicht – brennt leicht an / leise köcheln lassen / häufig umrühren / Gelierprobe machen / heiß in Gläser füllen.

Senfdressing (4 Personen)

1 Schalotte / 1 El. Petersilie / 3 El. Hühnerfond / Saft einer halben Zitrone / 1 gehäufter Kl. Zucker / 2 El. Estragonsenf / 1 hartgekochter Eidotter / Salz / Pfeffer / Muskat / 2 El. Nussöl / Olivenöl

Schalotten in feine Würfel schneiden / Petersilie fein hacken / Schalotten in etwas Öl andünsten / Petersilie zufügen / mit Hühnersuppe aufgießen / Dotter und Senf zugeben / reduzieren / passieren / würzen / Zitronensaft beimengen / mit dem Öl zur gewünschten Konsistenz bringen

Senfgurken (für zwei 1,5 Liter Rexgläser)

5 große Gurken / 3/4 l Essig / 12 El. Senfkörner / 14 El. Zucker / 1 El. Pfefferkörner / 1 Zweig Dille / 2 Schalotten / 10 cm Krenwurzel / Salz

Gurken schälen, entkernen / in fingerdicke Stücke teilen / einsalzen / einen Tag stehen lassen / in Gläser schichten / Schalotten und Krenwurzel in Scheiben schneiden und mit Zucker, Senf- und Pfefferkörnern sowie Dille zu den Gurken geben / Essig aufkochen / auskühlen lassen / über die Gurken leeren / zwei Tage stehen lassen / Essig ableeren / nochmals aufkochen / wiederum über die Gurken gießen / den Vorgang dreimal wiederholen / Rexglas verschließen und kühl aufbewahren.

Strudelteig (ein großer Strudel)

1 Ei / 15 El. Mehl glatt / 1 kleine Msp. Salz / 1 El. Öl / 1/8 l warmes Wasser.

Alle Zutaten zu einem glatten, geschmeidigen, seidig glänzenden Teig verarbeiten.
Für festeren Teig die Wassermenge reduzieren.

Senfgurken

MASSEINHEIT IN DIESEM BUCH

Eine Maßeinheit ist wichtig, um annähernd gleiche Qualität zu erlangen. Natürliche Grundprodukte lassen sich Gott-sei-dank nicht Normen und so ist die angegebene Maßeinheit ein hervorragender Richtwert, der befriedigende Ergebnisse hervorbringt. Verlassen Sie sich auf alle Fälle auf Ihr Gespür für das Produkt.

Kinderfaustgroß
Esslöffel / El.
gehäufter El.
gestrichener El.
Messerspitze / Msp.
Kaffeelöffel / Kl.
Mokkalöffel / Mkl.
Liter / l
1 / 8 Butter: 125 g
1 / 4 Butter: 250 g
1 / 2 Butter: 500 g

Maßeinheit

Messerspitze

Esslöffel

gehäufter Esslöffel

gestrichener Esslöffel

Kaffeelöffel, Mokkalöffel

AUSDRÜCKE DIE NICHT GELÄUFIG SIND:

abbrennen	mit heißem Fett oder Flüssigkeit übergießen
abgeschmalzen	in heißer Butter oder Schmalz wenden
abtreiben	Butter mit Ei aufschlagen und Zutat beimengen
altbacken	Brot vom Vortag
angehen lassen	anbraten, nicht fertiggaren
Apfelspeis	Gericht aus Äpfeln
aufgelaufen	aufquellen
aufschwemmen	in heißer Flüssigkeit aufquellen lassen
aufsieden	erhitzen bis knapp vor dem Siedepunkt
aufwallen	einmal kurz aufkochen lassen
ausstechen	mit einer Gabel Kochgut aus der Flüssigkeit stechen
Bauernspargel	Schwarzwurzeln
Beize	Sud in dem Fleisch, Fisch, Gemüse, Geflügel mariniert wird
Biertrebern	Malzrückstände beim Brauvorgang
blanchieren	kurz mit heißem Wasser überbrühen
blatt'ln	in Scheiben schneiden
Bouillon	Suppe
Bräter	schwerer großer Bratentopf
darüberhacheln	mittels eines Hobels kleine Blätter über eine Speise hacheln (schnetzeln)
Dost	wilder Oregano
dressieren	aufspritzen
einmontieren	Butter oder Öl in eine Flüssigkeit einarbeiten
eintunken	eintunken – eintauchen
Erdäpfel	Kartoffeln
Erdartischocken	Topinambur
Erdbinkel	gelbe Rübe
Erdbirne	Topinambur
g'speigelt	in Spalten schneiden
Gansljunges	Rücken, Hals, Flügerl und Innereien von der Gans
Gerstl	Gerste; Getreideart
Geselchtes	geräuchertes Fleisch
Gräten zupfen	mittels einer Pinzette die Gräten eines Fisches entfernen
Gschab'nblatt'ln	Strudelteigreste dünn ausgerollt, getrocknet
Hagelzucker	Streuselzucker
Ham	Schinkenteil beim Schwein
julienne	in feine Streifen geschnitten
Jus	Grundsauce
Kamut	Getreideart
karamelisieren	Zucker goldbraun schmelzen
Karkassen	Gräten und Knochen
Kletzen	getrocknete Birnen
Ko	Gekochtes; meist ein Brei
kross	knusprig gebraten
krusteln	unter ständigem Rühren scharf anbraten, so dass eine Kruste entsteht

Kuhhäute	Erdäpfelteig dünn ausgerollt und ohne Fett gebacken
leise köcheln	bei sanfter Hitze kochen lassen
Lemoni	Zitrone
Lustkraut	Maggikraut oder Liebstöckl
mehlieren	in Mehl wenden
nappieren	mit einer Flüssigkeit überziehen
o'gatschen	stark vermischen
Oa	Ei
Oafisch	pochiertes Ei
Parüren	Abschnitte vom Fleisch
pochieren	sanft in heißem Wasser ziehen lassen
pökeln	einsalzen
Pofesen	in Ei gewendetes und in Fett ausgebackenes Weißbrot
prasseln	bei scharfer Hitze anbraten und Flüssigkeit verkochen lassen
Quendel	wilder Thymian
rameln	rundum in Butter braten damit eine Rinde entsteht
Rauna	rote Rüben
rebeln	Frucht vom Stil entfernen
Reduktion	Flüssigkeit eindampfen lassen
Reibgerstl	geriebene Strudelteigreste
Rein	eckige Bratpfanne
Röhrln	Löwenzahn
Rosenäpfel	Hagebutten
rüsten	vorbereiten
Schedl	eine Art Auflauf
Schermrippe	Rinderrippenfleisch
schmoren	im Rohr zugedeckt garen
schmurgeln	im eigenen Saft braten
Schöpsernes	Schaffleisch
Schweinsradeln	Scheiben der Schweinsstelze
simmern	Kochgut kurz vor dem Siedepunkt halten
Solospargel	beste Qualität beim Spargel
Sorbetiere	Eismaschine
Sterz	geröstetes Mehl oder Erdäpfeln, kompakt bis breiig
Suppenhenne	großes älteres Huhn
TBA Essig	Essig aus einer Trockenbeerenauslese
versprudeln	vermischen mit einem Schneebesen
Waller	Wels; Fischart
Wandl	Kastenform
Wipferl	junge Triebe von Tannen oder Fichten
z'sammg'legte	zusammengelegt
zerreißen	in große Stücke reißen
zerschleichen	bei sanfter Hitze Fett zergehen lassen
zur Rose abziehn	Eidotter bis knapp vor dem Stocken erhitzen
Zweckerl	vom Teig kleine Stücke abstechen

INHALTSVERZEICHNIS

Zur besseren Orientierung: Texte in Normalschrift. Rezepturen sind in Blockbuchstaben angeführt, Traditionelle Rezepte sind kursiv geschrieben.

Literaturhinweis:

Zitat Winter: aus dem Buch »Brachzeit« erschienen im Verlag am Eschenbach 1990
Zitat Frühling: Novalis
Zitat Sommer: R. M. Rilke
Zitat Herbst: R. M. Rilke

Traditionelle Rezepturen großteils aus mündlichen Überlieferungen; Ideen und Anregungen aus »Hupfauf und Rauberbraten« und »der Bäurin in den Kochtopf g'schaut« beide erschienen im Landesverlag 1979 und 1981.
Interpretationen: Rezepturen Georg Friedl, Feldkirchen

Erinnerungen: Brigitte Friedl, Pregarten
Monatstexte: Georg Friedl, Feldkirchen
Texte Produkte Speck/Hopfen/Flachs/Kraut: Georg Friedl

Bildverzeichnis:

Holzschnitte »Winterlandschaft« 1994/»Flussufer« 1991/»Spätsommer«/»Ernte« 1994, Herbert Friedl, Pregarten
Fotos zu den Produkten Speck/Hopfen/Flachs/Kraut und großformatige Speisenfotos: Thomas Gschwentner, Fotostudio Albert&Gschwentner, Wien
Mehlschaufel schwarz weiß, sämtliche kleinformatige Schwarz-weiß und Farbfotos: Georg Friedl, Feldkirchen
Fotos zu den Monaten: Markus Papsch, Pregarten, Georg Friedl
Die Leinenstoffe für die Scans stammen von der Weberei Viehböck, Helfenberg, der Blaudruck von der Firma Wagner, Bad Leonfelden.

DANK

meiner Frau Petra für Geduld, Nachsicht, Freiraum und Korrekturen,
meiner Mutter Brigitte für die Texte »Kindheitserinnerungen« und Korrekturen,
meinem Vater für die Holzschnitte und die entscheidenden Gestaltungstipps,
meinem Freund Markus für einige Landschaftsfotos und die Ideen zur Konzeptfindung,
den Fredmanskys, Manfred und Gerald, für den Satz und das Engagement für das Buch,
Thomas für die Farbfotos und die gute Zusammenarbeit,
der Fam. Rachinger-Eckl, Hotel Mühltalhof für die Unterstützung und den Freiraum,
all jenen, aus deren reichem Wissen ich schöpfen durfte.

Georg Friedl - AUTOR

Geboren 1970 in Linz. Aufgewachsen in Pregarten (Mühlviertel). Absolvent der Gastgewerbefachschule in Bad Leonfelden. Seit 1997 Koch und Sommelier im Hotel Mühltalhof. Davor Stationen in verschiedenen Haubenbetrieben (Kremsmünsterer Stube Linz, Taubenkobel Schützen, Mühltalhof Neufelden, Schuhbeck Waging, Waldschänke Grießkirchen). 1995 erste Haube und drei Kronen erkocht. Teilnahme an verschiedenen Fachseminaren und 1998 Prüfung zum dipl. Weinsommelier.

Bestrebt, das Ursprüngliche zu erhalten und behutsam weiterzuentwickeln.
Gerichte auf das Wesentliche zu reduzieren. Kochen als Beruf, aus Berufung, aus Leidenschaft.

Nach Erscheinung des Mühlviertler KOCH:BUCHES entstand das Projekt „mühlvierteln" – ein Gastronomiekonzept, das der Zeit damals weit voraus war. Heute würde man es als „Pop up Restaurant" bezeichnen:
Die Stuben alter Bauernhöfe, Museen und Brauereien verwandelten sich an Wochenenden in Restaurants, gekocht wurden Rezepte aus dem Mühlviertler KOCH:BUCH mit Lebensmitteln aus der unmittelbaren Umgebung und der Jahreszeit entsprechend. Zubereitet wurden die Speisen meist am alten Tischherd, die Gäste saßen ringsherum und erlebten die Speisenzubereitung „hautnah".

Zusätzlich war ich Küchenleiter im Bildungshaus Greisinghof.

Nach neun Jahren Wanderschaft fand das Projekt „mühlvierteln" 2010 in sehr abgewandelter Form im Salzamt in Linz eine fixe Bleibe.

Zukünftig braucht es einen neuen Standort, um meinen gastronomischen Visionen Raum zu geben.

Folgen Sie mir unter www.muehlvierteln.at

Meine Kochphilosophie: Mühlviertel / OÖ / hier geboren und aufgewachsen / hier arbeite ich am liebsten / möchte aufzeigen, dass es hier tolle Produkte gibt, mit denen sich auch die kreative-leichte-moderne Küche verwirklichen lassen kann / Produzent und Koch im Einklang mit der Natur und dem Wechsel der Jahreszeiten / es gibt keine neuen Produkte und Gerichte, nur solche, die vergessen, neu kombiniert und arrangiert wurden / Rückbesinnung / neue Kombinationen schaffen / Schlichtheit, Einfachheit mit der Reduzierung auf das Wesentliche / Endprodukt, Geschmack und Präsentation muss stimmen / modern, originell, künstlerisch / weltoffen bezüglich der Garung und Würzung unter Berücksichtigung des Mühlviertels / Freude am Beruf bewahren und ausleben.

Wirkliche Kreativität findet vor allem am Rande des Überflusses statt, dort, wo vermeintlicher Mangel oder Kargheit Strategien wachsen lassen für beglückende Einfälle, die in Erinnerung haften bleiben.

Aus den besonderen Lebensmitteln unserer Region bereite ich Speisen, die, gepaart mit dem Wissen um Traditionen und meiner Intuition im Umgang mit Gewürzen und Kräutern, „Geschmacksgeschichten" des Landes und der Jahreszeit erzählen.

„Je beziehungsreicher, differenzierter und feinfühliger wir schmecken, desto mehr öffnet sich uns die geschmackliche Individualität, deren Reiz in der Einmaligkeit ruht. Aus dieser engen Bedingtheit heraus entspringen in mir unzählige Gespinste, die dem Ziele entgegen streben, in erleuchteten Augenblicken geschmackliche Einheiten auf die Zunge zu zaubern."

Georg Friedl
Mühlviertler Küche
Geschmack und Glück der Einfachheit
In diesem Buch ist das kulinarische Mühlviertler Kulturgut in seiner Einfachheit und geschmacklichen Ausdruckskraft zusammengefasst.
ISBN 978-3-902416-74-2
24x17 cm, 160 Seiten

Günter Grüner
Das Mostkochbuch
Wo gerne Most getrunken wird, dort wird er über kurz oder lang wohl auch in den Kochtopf wandern. Einige Klassiker der Mostviertler Küche sind ohne Most nicht denkbar.
ISBN 978-3-85252-653-9
24x17 cm, 122 Seiten

Stefanie Fleischanderl
Großmutters Kochbuch
Rezepte und Erinnerungen zur Küche im Mühlviertel
Suppen, Hauptgerichte, leckere Nachspeisen und süßes Gebäck. Die Großmutter hatte keine Küchenwaage, daher stimmen die Gewichtsangaben nicht so genau. Sie hatte einen guten Hausverstand und wusste sich zu helfen.
ISBN 3-85252-559-4
21x15 cm, 246 Seiten

Waltraud Faißner
Linzer Augen
Süße Rezepte
Dieses Buch beschäftigt sich mit den liebenswürdigen Kleingebäcken, die aus dem „Linzer Teig" hergestellt werden können.
ISBN 978-3-99028-169-7
24x17 cm, 120 Seiten

Susanne Dobesch
Sauerbrunn
Gerichte aus der Sommerfrische
Die Rezepte von Irene Horvath, Köchin im Kurhaus Grimm in Sauerbrunn aus der Zeit von 1880–1937 geschmückt mit alten Ansichten von Sauerbrunn. Als Irene in der Grimm'schen Küche das Szepter, besser gesagt den Kochlöffel zu schwingen begann, erlebte Sauerbrunn seine Hochblüte als k.u.k. Sommerfrische.
ISBN 978-3-85252-789-5
21x15 cm, 216 Seiten, vierfärbig

Franz Pölzl
Das Kochbuch der Rösslwirtin
zu Marchtrenk aus dem Jahre 1896
Die ursprünglich handschriftlichen Rezepte der Anna Brunbauer vulgo Rösslwirtin: Suppen, Suppeneinlagen, Saucen, Gemüsen, Innereien, Fleisch braten, Ragouts, Geflügel, Wild, Fische, Fischotter … Mehlspeisen, Pudding, Kleinbäckereien, Gertränke … und Tafeln
ISBN 978-3-85252-768-0
21x15 cm, 300 Seiten

Waltraud Faißner
Linzerische Torten auf andere Art
Historische Rezepte zur „Linzer Torte"
Die bisher ältesten Rezepte der Linzer Torte wurden in einem adeligen Kochbuch aus dem Jahr 1653 im Stiftsarchiv Admont entdeckt.
ISBN 978-3-85252-758-1
27x22 cm, 166 Seiten

Erika Sieder, Elfriede Hanak, Daniel Marousek
Das Hungerloch
Ein Blick auf Küche und Kultur in Mariensee und St. Peter am Wechsel
ISBN 978-3-85252-491-7
24 x 17 cm, 256 Seiten

Riki Plötzeneder
Was gibts denn heut?
Rezepte und Erzählungen
Originelle Mischung aus autobiographischen Erzählungen und Rezepten aus dem Leben einer Wirtin im Mondseeland.
ISBN 978-3-85252-737-6
21x15 cm, 192 Seiten

Hannes Etzlstorfer
Süße Lust
Geschichte(n) der Mehlspeise
Die kulinarische Erfolgsgeschichte der österreichischen Mehlspeisküche spiegelt sich in ihren zeitlosen Rezepten – ob für Kaiserschmarrn, Esterházyschnitten, Radetzkytorte, Napoleonschnitten, Sachertorte oder Ischler Törtchen.
ISBN 978-3-99028-192-5
24x17 cm, 144 Seiten

Norbert Rusz, Gerhard Kuebel
St:Sushi
Steirisches Sushi-Kochbuch
Dieses Kochbuch beschäftigt sich mit den Grundlagen der menschlichen Existenz. Es handelt vom Entwickeln und dem/n Eingewickelten, dem Herstellen von Hüllen und dem Applizieren von Füllen. Es wendet sich an kulinarisch veranlagte Menschen, die an den Hintergründen ihres Tuns interessiert sind.
ISBN 978-385252-844-1
21x13 cm, 200 Seiten

Georgios Theodosios Trompeter
Jorgo's Taverne
Kulinarische Streifzüge durch Griechenland, Italien und Österreich
Vegtarische und vegane Rezeptideen
ISBN 978-3-85252-730-7
20x21 cm, 132 Seiten